外研社汉语分级读物 —— 中文天天读
FLTRP Graded Readers — Reading China

种下一棵爱情树

Planting a Love Tree

4B

顾　问：魏崇新　张晓慧　吴丽君
主　编：朱　勇
编　著：朱　勇　刘继红
翻　译：Benjamin J. Myers [美]

中外语言交流合作中心赠
Donated by Center for Language Education and Cooperation

外语教学与研究出版社
FOREIGN LANGUAGE TEACHING AND RESEARCH PRESS
北京 BEIJING

图书在版编目 (CIP) 数据

种下一棵爱情树 = Planting a Love Tree：4B／朱勇等编著；（美）莫斌（Myers, B. J.）译. —北京：外语教学与研究出版社，2009.12（2019.3 重印）
（外研社汉语分级读物：中文天天读／朱勇主编）
ISBN 978−7−5600−9254−6

Ⅰ . ①种… Ⅱ . ①朱… ②莫… Ⅲ . ①汉语－对外汉语教学－语言读物 Ⅳ . ①H195.5

中国版本图书馆 CIP 数据核字 (2010) 第 000898 号

出 版 人　蔡剑峰
选题策划　彭冬林　　李彩霞
责任编辑　庄晶晶
英文编辑　颜丽娜
装帧设计　姚　军
插图绘制　北京碧悠动漫文化有限公司
出版发行　外语教学与研究出版社
社　　址　北京市西三环北路19号（100089）
网　　址　http://www.fltrp.com
印　　刷　北京虎彩文化传播有限公司
开　　本　787×1092　1/16
印　　张　7.75
版　　次　2010 年 3 月第 1 版 2019 年 3 月第 3 次印刷
书　　号　ISBN 978-7-5600-9254-6
定　　价　42.00元（含 MP3 光盘一张）

购书咨询：（010）88819926　电子邮箱：club@fltrp.com
外研书店：https://waiyants.tmall.com
凡印刷、装订质量问题，请联系我社印制部
联系电话：（010）61207896　电子邮箱：zhijian@fltrp.com
凡侵权、盗版书籍线索，请联系我社法律事务部
举报电话：（010）88817519　电子邮箱：banquan@fltrp.com
物料号：192540001

记载人类文明
沟通世界文化
www.fltrp.com

　　众所周知，阅读是成人外语学习者获得语言输入的主要方式。只有加强阅读，增加语言输入量，才能更快地学好一门外语。基于此，如何让学习者有效利用课余时间，通过快乐阅读、随意阅读来促进其语言学习，一直是众多语言教学与研究者所关注的课题之一。

　　令人遗憾的是，适合各种水平汉语学习者阅读需要的汉语分级读物，长期以来一直处于相对短缺的状态。鉴于此，外语教学与研究出版社特意在2007年发起并组织编写了本套系列汉语分级读物——《中文天天读》，用于满足各级水平的汉语学习者的阅读需求，让学习者在快乐阅读的同时有效地提高自己的汉语水平。同时，也通过巧妙的关于中国社会、历史、文化背景的介绍与传达，为所有汉语学习者真正开启一扇了解当代中国的窗口。

　　因为《中文天天读》每一册的容量都不太大，且有少量的练习，所以它既可作为学习者的课外读物，也可作为阅读课和读写课的教材。《中文天天读》按语言难度分为五个等级，每级各有不同的分册，可适合不同级别的学习者使用。文章字数等具体说明请看下表：

级　别	文章字数	词汇量	篇　目	已学时间
1级	100～150	500	25篇	三个月（160学时）
2级	150～300	1000	25篇	半年（320学时）
3级	300～550	3000	25篇	一年（640学时）
4级	500～750	3500	20篇	两年（1280学时）
5级	700～1200	5000	18篇	三年（1920学时）

为方便更多语种的学习者学习，《中文天天读》将陆续出版英、日、韩、西、德、法、意、俄等十多种语言的版本，学习者可根据情况自选。

《中文天天读》大致有以下几个模块：

1. 阅读前模块——导读。导读主要是一两个跟课文有关的问题，类似于课堂导入，主要是激发学生的兴趣，起到热身的作用（若作为教材使用，教师也可在此基础上扩展为课堂导入语）。

2. 阅读中模块，包括正文、边注词和插图。边注词是对课文生词进行随文对译和解释的一种方式，目的是帮助学习者扫清生词障碍，迅速获得词义。它有助于降低文章难度，保持阅读速度。插图也是《中文天天读》的一大特色。插图中反映的都是课文的核心内容，也经常出现课文中的关键句子。这些都有助于读者"见图知义"，快速理解课文内容。

3. 阅读后模块，包括语言点、练习题和小知识。语言点是对重点词语或结构的简单说明。每个语言点的第一个例句大多是课文中的原句，其他例句的目的是帮助学生"温故而知新"，句子中着力使用已学课文中的生词或者语境。练习题的题型主要有问答题、选择题、判断题、填表题等，都和内容理解有关。《中文天天读》的题量不大，因为过多的练习会破坏阅读的乐趣。小知识中，有的是跟课文内容密切相关的背景知识，读了以后直接有助于课文的理解；有的跟课文有一定关系，是对课文内容的补充和延伸；还有一种则跟课文内容基本无关，属于一般性的中国文化、历史地理知识介绍。

与同类材料相比，《中文天天读》具有以下特点：

1. 易读易懂。"容易些，再容易些"是我们编写《中文天天读》一直持有的理念。对于每篇选文的生词、字数，我们都有严格的控制。我们还通过为边注词、语言点、小知识等配以英、日、韩、西等不同语种译文的方式，方便学习者更好地理解课文。此外，每课均配有与课文、小知识内容匹配的漫画或图片，通过这些关键线索，唤起读者大脑中的相关图式，有效地起到助读的作用。

2. 多样有趣。"兴趣是最好的老师"，我们力求选文富有情趣。选文伊始，我们即根据已有经验以及相关调查，对留学生的需求进行了分析，尽可能保证选文在一定程度上能够投其所好。具体体现在两个方面：（1）话题多样，内容丰富。这样可以保持阅读的新鲜感。《中文天天读》各册从普通中国人的衣食住行、传统风俗与现代生活的交替到中国当代的社会、经济、语言、文化等内容均有涉及，有的还从中外对比的角度叙述和分析，力求让读者了解到中国社会的真实面貌，同时还可以对学生的跨文化交际能力起到一定的指导作用。（2）文体多样，形式活泼。《中文天天读》采用记叙文、说明文、议论文、书信、诗歌、小小说等各种文体，不拘一格，让读者了解汉语不同体裁的文章，充分感受中文的魅力。

3. 注重实用。选文比较实用，其中不少文章都贴近留学生的生活。有的文章本身就是一些有助于留学生在中国的学习、生活、旅行、工作的相关介绍，可以学以致用。

4. 听读结合。《中文天天读》每册均配有相应的 CD，读者既可以通过"读"的方式欣赏地道的中文，也可以通过"听"的方式感受纯正的普通话。这两种输入方式会从不同的角度帮助学习者提高汉语水平。

在编写过程中，我们从阅读教学专家、全国对外汉语优秀教师刘颂浩先生那里获益良多；北京外国语大学中国语言文学学院的领导、教授魏崇新、张晓慧、吴丽君欣然担任《中文天天读》的顾问，其他同事也给了我们很多帮助，特别是马晓冬博士提出了许多建设性的意见；外语教学与研究出版社汉语分社的领导和编辑给予本项目以大力支持，特别是李彩霞、周微、李扬、庄晶晶、颜丽娜、牛园园六位编辑为本丛书的策划、编写作出了特别贡献；北京外国语大学中文学院 2006 级、2007 级的 10 多位研究生在选文方面也给了我们很多帮助，在此一并致谢。

欢迎广大同行、读者批评指正，也欢迎大家将使用过程中发现的问题反馈给我们，以便再版时更上一层楼。联系方式：zhuyong1706@gmail.com。

朱勇

2009 年 1 月

Preface

It is common knowledge that reading is the primary input channel for adult learners of a foreign language. Extensive reading can ensure adequate language input and fast, efficient learning. Therefore, both language researchers and teachers emphasize large amount of reading in addition to classroom learning.

Regrettably, well designed and appropriately graded reading materials for second-language learners are hard to come by. Aware of the shortage, the Foreign Language Teaching and Research Press initiated in 2007 the compilation of *Reading China*, a series of readers tailored to the diverse needs of learners at different levels of Chinese proficiency. The readers feature fun stories of present-day China, with introductions on Chinese history, culture and everyday life.

This series can be used as in-class or after-class reading materials because every book from the series is brief in content and has a small amount of exercises. There are altogether five levels in the series, each consisting of several volumes. Please refer to the table below for specific data:

Level	Length of Texts (words)	Vocabulary	Number of Texts	Prior Chinese Learning
1	100 ~ 150	500	25	Three months (160 credit hours)
2	150 ~ 300	1000	25	Half a year (320 credit hours)
3	300 ~ 550	2000	25	One year (640 credit hours)
4	500 ~ 750	3500	20	Two years (1280 credit hours)
5	700 ~ 1200	5000	18	Three years (1920 credit hours)

Other language versions of the series, such as Japanese, Korean, Spanish, German, French, Italian and Russian, will come off the press soon to facilitate the study of Chinese learners with these language backgrounds.

Each book of the series includes the following modules:

1. Pre-reading—Lead-in. This part has one or two interesting warming-up questions, which function as an introduction to a new text. Teachers can develop their own class introductions on the basis of Lead-in.

2. Reading—Texts, Side Notes and Illustrations. Side Notes provide equivalents and explanations for new words and expressions to help learners better understand the text. This part also keeps the degree of difficulty of the texts within reasonable bounds so that learners can read them at a reasonable speed. Illustrations are another highlight of the series. They help learners take in at a glance the key sentences and main ideas of the texts.

3. After-reading—Language Points, Exercises and Cultural Tips. The Language Points part hammers home the meaning and usage of important words and expressions, or grammar points in one of the sentences from the text. Two follow-up example sentences, usually with words, expressions or linguistic contexts from previous texts, are given to help learners "gain new insights through review of old materials". In Exercises, a small amount of questions, choice questions, true or false questions and cloze tests, are designed to check learners' comprehension of the texts without spoiling the fun of reading. In Cultural Tips, background information is provided as supplementary reading materials. Some are related to the texts and some are just general information about Chinese culture, history and geography.

Reading China stands out among similar readers because of the following features:

1. User-friendliness: "Reading should be as easy as possible", a principle consistently followed by the compilers, through strict control of the number of new words and expressions in each text, the Side Notes, the translations given in Language

Points and Cultural Tips, illustrations and pictures.

2. Diversity and fun: The compilers have taken great pains in choosing interesting stories because "interest is the best teacher". We also try to cater to foreign students' reading preferences by analyzing their learning expectations on the basis of our teaching experience and surveys. Firstly, a wide range of topics is included to sustain the freshness of reading. The stories touch upon many aspects of Chinese life. In some cases, similarities and differences between Chinese and foreign cultures are compared and analyzed to give learners a realistic idea about contemporary China and improve their cross-cultural communication ability. Secondly, different writing genres and styles are selected, such as narrations, instructions, argumentations, letters, poems, mini-stories, etc. In this way, learners can fully appreciate the charm of the Chinese language.

3. Practicality: Many texts are closely related to foreign students' life in China and contain practical information about studying, living, traveling and working in China.

4. Listening materials: CDs are provided for each book of the series. Integration of audio input through listening and visual input through reading will further improve learning results.

In the course of our compilation work, we have benefited a great deal from the expertise of Mr. Liu Songhao, an expert in teaching Chinese reading and an excellent teacher of Chinese as a second language. Mr. Wei Chongxin, Ms. Zhang Xiaohui, and Ms. Wu Lijun from the School of Chinese Language and Literature of the Beijing Foreign Studies University have served as highly supportive consultants. Quite a few other colleagues at SCLL, especially Dr. Ma Xiaodong, have provided many inspiring suggestions. Our heartfelt gratitude goes to the directors and editors of the FLTRP Chinese Publishing Division, in particular Li Caixia, Zhou Wei, Li Yang, Zhuang Jingjing, Yan Lina and Niu Yuanyuan, for their contribution to the planning and compilation of this series. We also wish to thank more than ten postgraduate students of the years 2006 and 2007 at BFSU for their help in collecting materials.

We would greatly appreciate suggestions and comments from learners and teachers of Chinese as a second language and would accordingly improve the books in the future. Contact information: zhuyong1706@gmail.com.

Zhu Yong

January, 2009

目　录
Contents

1 | 笑话的智慧

Wisdom of Jokes

充满智慧的笑话，不仅可以让人开怀大笑，而且能给人以启示。

沉寂 (chénjì) *adj.*
silent

标准 (biāozhǔn) *n.*
standard

笑话一

晚饭后，母亲和女儿一块儿洗碗，父亲和儿子在客厅看电视。突然，厨房里传来打破盘子的响声，然后一片沉寂。儿子望着父亲，说道："一定是妈妈打破的。""你怎么知道？""她没有骂人。"

启示：我们习惯以不同的标准来看人看己，以致往往对别

胸无大志！

愿你把欢乐带给全世界！

10

人严格，对自己宽松。

笑话二

一个中国小学生和一个外国小学生，同样是小学三年级，他们将来的愿望同样是当小丑。中国老师很生气："胸无大志！"外国老师则会说："愿你把欢乐带给全世界！"

启示：身为长辈的我们，有时可能要求多于鼓励，甚至把自己的成功观强加在孩子的身上。

笑话三

妻子正在厨房炒菜。丈夫在她旁边一直唠叨不停："慢些！小心！火太大了！赶快把鱼翻过来！油放得太多了！"妻子生气地说："我懂得怎样炒菜。"丈夫平静地答道："我只是要让你知道，我在开车时，你在旁边喋喋不休，我的感觉如何……"

启示：学会体谅他人并不困难，只要你愿意认真地站在对方的角度看问题。

笑话四

张明亮和李雨来一边喝酒一边聊天。张明亮说："新搬来的邻居真讨厌！昨天晚上半夜跑来按我家的门铃。"李雨来很

小丑 (xiǎochǒu) n.
clown

胸无大志 (xiōngwúdàzhì)
with no ambition at all

长辈 (zhǎngbèi) n.
elder generation

观 (guān) n.
view, concept

强加 (qiángjiā) v.
force, impose

唠叨 (láodao) v.
chatter, talk on and on
(esp. complaint)

喋喋不休 (diédié-bùxiū)
rattle on, babble

体谅 (tǐliàng) v.
make allowance for

角度 (jiǎodù) n.
angle, point of view

报警 (bàojǐng) *v.*
call the police

疯子 (fēngzi) *n.*
crazy person

喇叭 (lǎba) *n.*
bugle, trumpet

吃惊：“的确可恶！你有没有马上报警？”张明亮摇摇头：“没有。我当他们是疯子，继续吹我的小喇叭。”

启示：事情发生了，一定有原因，如果能先看到自己的不是，答案就会不一样。

想 一 想
Questions

如果你是张明亮的邻居，你会怎么做？

你小时候有什么样的理想？你的老师是怎么评价 (make a comment on) 它的？

语言点 Language Points

以致

so that, with the result that

1. 我们习惯以不同的标准来看人看己，以致往往对别人严格，对自己宽松。

"以致"，连词。表示后面的内容是前面说的原因造成的结果，大多是不好的或说话人所不希望的结果。

"以致" is a conjunction. It expresses that something after "以致" is the result of something before "以致". Often the consequence is negative or undesirable for the speaker.

（1）这家旅馆离市中心很远，而且服务态度也不好，以致生意一直很差。

（2）他没有预习课文，以致上课时感到很吃力。

2. 中国老师很生气……外国老师则会说："愿你把欢乐带给全世界！"

"则"，副词。表示前后对比，有轻微的转折语气。

"则" is an adverb. It expresses contrast between the previous and following clauses. It has a very light tone of transition.

（1）小王黄金周要去上海玩几天，我则想去南京看看朋友。

（2）大学毕业后，我来中国留学，她则进了一家不错的公司工作。

则
(expresses contrast
with a previous clause)

3. 身为长辈的我们，有时可能要求多于鼓励。

"于"，介词，是"比"的意思，多用于书面语，"多于"就是"比……多"的意思。类似结构还有"大于"、"好于"等。

"于" is a preposition. It means "比". It is mostly used in written language. "多于" means "比……多" (more than). Other similar expressions inlucde "大于" (greater or larger than), "好于" (better than), and so on.

（1）对于悲观的人来说，生活中烦恼总是多于欢乐。

（2）5大于3，10大于9，这么简单的问题大家都知道。

于
than

13

练 习 Exercises

1. 判断正误。

(1) 如果是女儿打破了盘子，妈妈一定不会骂她。　　（　　）

(2) 中国老师认为当小丑是一个很好的职业。　　（　　）

(3) 丈夫对做饭的妻子唠叨不停，是因为他也很想做饭。（　　）

(4) 张明亮的邻居按他家的门铃，所以张明亮吹小喇叭。（　　）

2. 请选出和划线部分意思最接近的一个。

(1) 我们习惯<u>以不同的标准来看人看己</u>，以致往往对别人严格，对自己宽松。（　　）

　　A. 对别人严格　　　　　　　B. 对自己宽松

　　C. 对别人、对自己的要求不同　　D. 对别人、对自己的标准相同

(2) 学会体谅他人并不困难，只要你愿意<u>认真地站在对方的角度看问题</u>。（　　）

　　A. 替别人想一想　　　　　　B. 跟对方站在一起

　　C. 做别人的朋友　　　　　　D. 有认真的态度

(3) 事情发生了，一定有原因，如果能先看到自己的<u>不是</u>，答案就会不一样。（　　）

　　A. "是"的否定　　　　　　B. 不对的地方

　　C. 正确的地方　　　　　　　D. 正确的答案

相声
Xiangsheng (Comedic Dialogue)

著名相声演员侯宝林、刘宝瑞、马季合说群口相声。

一般认为，相声起源于北京，形成于清朝，是以说笑话或滑稽问答引起观众发笑的曲艺形式。在其形成过程中广泛吸取了其他艺术的特点。相声主要用北京话讲，也有以当地方言说的"方言相声"。表演形式根据演员的多少，分为单口（一个人）相声、对口（两个人）相声和群口（两个人以上）相声三种。

It is generally accepted that Xiangsheng or Comedic Dialogue originated in Beijing, and took shape during the Qing Dynasty. It is an art form which involves telling jokes or making witty quips in response to questions asked by a partner in order to make audiences laugh. During the formation of this art form, it was influenced by various characteristics of other art forms. Xiangsheng is usually presented in the Beijing dialect, but is sometimes presented in local dialects, called "Fangyan Xiangsheng" or "Dialectal Comedic Dialogue". The performance format is based on how many actors there are: with one actor, it is called Dankou Xiangsheng, with two, Duikou Xiangsheng, and with more than two, Qunkou Xiangsheng.

2 | 不用回答的问句

Bù yòng huídá de wènjù

Questions That Don't Need to Be Answered

"设问句"和"反问句"同样都是疑问句，但它们并不相同。

（一）我怎么回答你呢？

有一天，作家伊索（Aesop）在乡间的路上走着。这时，一个过路人向他打听前面的村子还有多远，要走多久。"你往前走吧！"伊索对他说。"我当然知道要走，但请您告诉我，还要走多长时间呢？""你就走吧！"伊索还是这样回答。"这个人大概是疯子。"问路人一边走，一边自言自语。走了几分钟以后，他听见伊索在后面叫他，于是站住了。伊索对他说："两个钟头以后，你就能到了。""您刚才为什么不马上告诉我呢？"过路人不满地问。"刚才我不知道你走得快还是慢，怎么回答你呢？"伊索回答说。

文章的最后"我怎么回答你呢？"意思是"我没有办法回答你的问题"。在这里，伊索用的是反问句。反问句是从反面提出问题，不用回答，答案已经包含在问句中了。

（二）你知道我是谁吗？

英国大作家狄更斯（Dickens）很爱钓鱼。一天，他正在江边钓鱼，一个陌生人走来问他："怎么，你在钓鱼？""是啊！"狄更斯答道，"今天钓了半天，没见一条鱼，可是昨天在这里却钓了十五条啊！"

"是吗？"陌生人问，"那你知道我是谁吗？我是这地方专门检查钓鱼的。这里严禁钓鱼。"说着，他从衣袋里掏出发票，准备罚款。狄更斯忙问道："那你知道我是谁吗？我是作家狄更斯。你不能罚我的款，因为虚构故事是我的事业。"

在这个故事中的"那你知道我是谁吗？"是设问句。设问句就是"自问自答"，先提出一个问题，以引起人们的注意或

不满 (bùmǎn) *adj.*
dissatisfied, discontent

反面 (fǎnmiàn) *n.*
reverse side

包含 (bāohán) *v.*
include, contain

钓鱼 (diàoyú) *v.*
fish

检查 (jiǎnchá) *v.*
check, examine

发票 (fāpiào) *n.*
invoice

罚款 (fákuǎn) *v.*
impose a fine

虚构 (xūgòu) *v.*
fabricate, make up

引起 (yǐnqǐ) *v.*
cause, give rise to

思考，然后再把答案告诉大家。也就是说，这也是不需要回答的问题。

想 一 想
Questions

那个陌生人为什么要罚狄更斯的款？

开始的时候，过路人为什么认为伊索是个疯子？

狄更斯是如何回答那个陌生人的？

语言点 Language Points

1. "这个人大概是疯子。" 问路人一边走，一边自言自语。

   "自言自语"，是"自己一个人低声说"的意思。

   "自言自语" means "talk to oneself".

   （1）奶奶常常一边做着家务，一边自言自语，偶尔还唱唱歌。

   （2）这位作家在创作的时候，时常自言自语，但就是不许别人打扰。

   > **自言自语**
   > talk to oneself

2. 这里严禁钓鱼。

   "严禁"，动词，是"严格禁止"的意思。

   "严禁" is a verb. It means "strictly forbid".

   （1）飞机上严禁使用一切通讯工具。

   （2）仓库的门上挂着"严禁烟火"的牌子，因为这里有不少易燃物品。

   > **严禁**
   > strictly forbid

练 习 Exercises

1. 判断正误。

(1) 过路人因为迷路了才问伊索该怎么走。　　　　　（　）

(2) 因为过路人说伊索是疯子，所以伊索没有马上回答他的问题。（　）

(3) 狄更斯前一天的运气很好，他钓到了十五条鱼。　　（　）

(4) 因为狄更斯在这里钓鱼，所以那个陌生人要罚他的款。（　）

2. 选词填空。

引起　　虚构　　答案　　发票　　检查

(1) 虽然这只是一个（　　）的爱情故事，却深深地打动了每一位读者。

(2) 他是一个认真的学生，每次做完试题，他都会再（　　）一遍。

(3) 这道题的（　　）到底是哪一个，我想了半天也没想出来。

(4) 下出租车前，要记得向司机要（　　）。

(5) 他的这种无礼行为（　　）了很多人的不满。

3. 选择正确答案。

(1) 关于反问句，正确的是（　　）。

　　A. 很难回答　　　B. 问题很简单　　C. 很容易回答　　　D. 不用回答

(2) 关于设问句，正确的是（　　）。

　　A. 跟反问句一样　　B. 不需要回答　　C. 它其实不是问句　　D. 没有答案

(3) 狄更斯见到的那个陌生人是一个（　　）。

　　A. 检查钓鱼的人　　B. 作家　　　　C. 很喜欢钓鱼的人　　D. 买鱼的

《伊索寓言》在中国
Aesop's Fables in China

　　《伊索寓言》是世界闻名的寓言故事集，在中国的影响也很大。《伊索寓言》是古希腊民间流传的讽喻故事经后人加工而成的，是很多人的集体创作，伊索可能只是其中的一位重要作者。《伊索寓言》大多是动物故事，以动物为喻，教人处世和做人的道理。里面的寓言故事形式短小，比喻恰当，形象生动。《伊索寓言》被介绍到中国已有近 400 年的历史了，至今仍让很多中国人爱不释手，是一本非常值得阅读的书籍。

　　Aesop's Fables is a collection of world famous tales, with a widespread influence in China. *Aesop's Fables* originated as ancient Greek folk tales which were embellished by later generations, incorporating the creativity of many, and Aesop was possibly only one of many important authors. Most of Aesop's fables are about animals, using them as metaphors, teaching people how to conduct themselves in society. The fables are short, the metaphors are suitable, and the depictions are vivid. *Aesop's Fables* already has a history of ever 400 years in China, and even now is still loved widely and is a book worth reading very much.

3

Cōngming de huǎngyán

聪明的谎言

Smart Lies

每个人都应该诚实，讲信用。可是有时候却又不得不说谎。

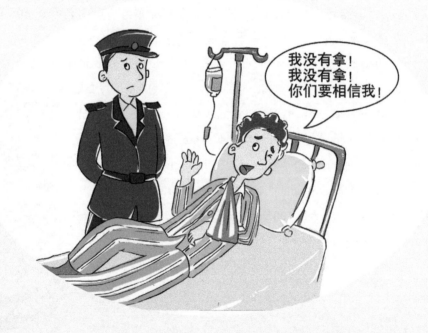

博物馆 (bówùguǎn) *n.*
museum

盗 (dào) *v.*
steal, pilfer

珍贵 (zhēnguì) *adj.*
precious

博物馆被盗了！几件非常珍贵的展品不翼而飞。警察认为，这起案件绝不是一个人干的，要做成这件事至少要四五个人才行。但是，警察没有一丝线索。

这天，博物馆的馆长接受了记者采访。

馆长很激动，他颤抖着说："被盗的十三件展品全都是宝贝中的宝贝，尤其是那个翠玉戒指！可是，喜爱珠宝的人，千万不能收藏它！因为那个戒指实在太完美了，任何人一眼就看得出，那是无价之宝。如果收藏它，迟早会被人发现的！"

让人意外的是，电视采访播出后没多久就破案了。

原来，这些小偷虽然没留下任何线索，可是，因为内部分赃不均，起了矛盾，最后两派开火，被警察发现了。

那个受伤的小偷，躺在床上说出了真相："当时，我和赵远一起进去的，我们只偷了十二幅画，没有拿什么翠玉戒指。可是外面的几个人不信，非要我们把戒指交出来，后来连赵远都认为我把戒指留给自己了。"他大声喊着，"我没有拿！我没有拿！你们要相信我！"

"我相信他！"博物馆馆长在查看了十二幅画之后，笑道："感谢上天，十二幅画完好无缺地回来了！至于那个翠玉戒指，唉！我们馆里哪有什么翠玉戒指啊！"

不翼而飞 (bùyì'érfēi)
disappear without trace

案件 (ànjiàn) *n.*
legal case

线索 (xiànsuǒ) *n.*
clue, lead

采访 (cǎifǎng) *v.*
interview

颤抖 (chàndǒu) *v.*
shudder, shiver, tremble

戒指 (jièzhi) *n.*
ring

收藏 (shōucáng) *v.*
keep, collect

破案 (pò'àn) *v.*
solve a case

分赃 (fēnzāng) *v.*
cut a melon

真相 (zhēnxiàng) *n.*
truth, fact

想 一 想
Questions

馆长说了什么谎话？

为什么警察认为这起案件不是一个人干的？

这些小偷没有留下线索，可是警察很快就破案了，为什么？

语言点 Language Points

迟早
sooner or later

1. 如果收藏它，迟早会被人发现的！

"迟早"，副词，是"早晚；总有一天"的意思。

"迟早" is an adverb. It means "sooner or later", or "one day or the next".

(1) 我们迟早要面对这个问题，还是尽快想想解决的办法吧。

(2) 这个孩子学习很努力，人又非常聪明，迟早会成为有用的人才。

至于
as for, as to

2. 至于那个翠玉戒指，嗳！我们馆里哪有什么翠玉戒指啊！

"至于"，介词。表示转换话题，引出另一件事。

"至于" is a preposition. It expresses a change in subject, and refers to another matter.

(1) 近来，大城市的房价居高不下，至于什么时候能下降，谁都说不好。

(2) 学校非常欢迎像他这样勤奋好学的学生，至于他的学费和生活费，我们会想办法帮他解决。

练习 Exercises

1. 判断正误。

(1) 一家博物馆发生了盗窃事件，小偷一共偷走了十三件宝贝。

(　　)

(2) 丢失的宝贝中，最珍贵的是那只戒指。　　　　(　　)

(3) 警察之所以破了案，是因为一个小偷生病住院了。(　　)

(4) 博物馆的馆长实际上帮助警察破了这起盗窃案。(　　)

2. 选词填空。

采访　　颤抖　　珍贵　　破案

（1）这起盗窃案件发生不到两个小时，警察就找到了（　　）线索。

（2）演讲比赛中，由于紧张，他的声音有些（　　）。

（3）对我来说，朋友之间的相互信任和理解，是最（　　）的。

（4）他在接受记者（　　）时表示，要为"希望工程"尽自己的一份力量。

小知识　Cultural Tips

神探狄仁杰
The Master Sleuth Di Renjie

　　狄仁杰（630—700）是中国历史上唯一的女皇帝武则天最器重的宰相，是推动唐朝走向繁荣的重要功臣。他曾担任国家最高司法职务，判决积案、疑案，纠正冤案、错案、假案，可以称得上是一个神探，比西方小说中神探福尔摩斯的出现要早1200多年。他为了拯救无辜，敢于坚持自己的意见，始终爱护百姓、不畏权势，是中国历史上著名的清官。

　　Di Renjie (630—700) was the most highly regarded prime minister in history by Empress Wu Zetian, and helped push the Tang Dynasty into prosperity. He once held the country's highest judicial office presiding over long pending cases and controversies, correcting injustices, misjudged cases and frame-ups, and could be called a master sleuth, 1200 years earlier than the Western Sherlock Holmes. In order to protect the innocent, he upheld his opinion indefinitely, protecting the common people, defying the powers, and making him one of those most well-known honest and upright officials in Chinese history.

4

"Zuìhòu" de jīhuì
"最后"的机会
The "Last" Chance

"最后"看似没有优势的一个位置，但其实即使这样也有机会争取第一。

装饰 (zhuāngshì) v.
decorate

学徒 (xuétú) n.
apprentice

电脑 (diànnǎo) n.
computer

招聘 (zhāopìn) v.
recruit (for a job)

员工 (yuángōng) n.
employee

　　表弟没考上大学，他从乡下来到城里，到一家装饰材料店做了不要钱的学徒，很快就学到了不少知识。然后我又教他使用电脑，很快他也学会了用电脑来做设计方案。

　　一天，全市最大的一家装饰公司招聘新员工。在我的鼓励之下，表弟去了。到了招聘现场一看，应聘人员的队伍排得很长很长，表弟和别人聊天时才知道，他的学历是最低的。表弟想了一会儿，退出了队伍，买了一份报纸，坐在不远的地方看报。

当他把报纸看完时，队伍就剩下两个人了，这时他走过去，排在了最后。

终于轮到他接受面试了。表弟一进去就说，先别问我的学历好吗？我绝对能胜任工作。说着，表弟就指着办公室的地板砖说出了它的优点和缺点；又闻了闻木门，说它不符合环保标准；又敲了敲办公桌，说这是实木做的。负责招聘的人十分吃惊，但又对表弟说，只知道这些还不够。表弟说，你给我一套样板房的平面图，我现在就能做出设计方案。招聘人员就在电脑上随便画了一个平面图，十几分钟后，表弟就完成了一套设计方案。最后，表弟成功了。

后来我问表弟，为什么你要排在最后呢？表弟说，如果他排在队伍中间，只要拿不出学历证明，招聘人员肯定不会让他考试。他故意排在最后，招聘人员才有可能给他时间，让他展现自己的才能。

表弟在看似没有希望的时候，为自己创造了机会。因此，生活中有时候排在最后，也是一种智慧。

现场 (xiànchǎng) *n.*
actual location, site

学历 (xuélì) *n.*
educational background

轮到 (lúndào)
one's turn to do sth.

地板砖 (dìbǎnzhuān) *n.*
floor tile

环保 (huánbǎo) *n.*
environmental protection

实木 (shímù) *n.*
solid wood

样板房 (yàngbǎnfáng) *n.*
model house

平面图 (píngmiàntú) *n.*
floor plan

展现 (zhǎnxiàn) *v.*
show, display

才能 (cáinéng) *n.*
ability, talent

想 一 想
Questions

为什么表弟要排在最后？

表弟来城里做了什么？

你觉得找工作时，学历重要还是能力重要？

语言点 Language Points

胜任
be qualified or
competent

1. 我绝对能胜任工作。

"胜任"，动词。表示有足够的能力来担任（工作、职务等）。

"胜任" is a verb. It expresses that someone has enough ability to assume a responsibility (a job, a post and so on).

(1) 当好一名汉语教师很不容易，我真的难以胜任。

(2) 他工作认真、能力也很强，完全可以胜任班长的工作。

看似
look like, seem as
though

2. 表弟在看似没有希望的时候，为自己创造了机会。

"看似"，动词，是"看起来好像"的意思。

"看似" is a verb. It means "seem as though".

(1) 这个问题看似简单，其实很难。

(2) 教师的工作看似轻松，但要做好挺不容易的。

练习 Exercises

1. 判断正误。

关于表弟：

(1) 有一些工作经验。　　　　　　　　　（　　）

(2) 是高中学历。　　　　　　　　　　　（　　）

(3) 最后没成功。　　　　　　　　　　　（　　）

(4) 能够用电脑做样板房的平面图。　　　（　　）

(5) 在考试时充分展现了他的才能。　　　（　　）

(6) 曾经做过有工资的学徒。　　　　　　（　　）

2. 选择正确答案。

(1) 表弟在考试中没有用到（   ）。

    A. 电脑   B. 木门   C. 办公桌   D. 学历

(2) 表弟在（   ）学会了电脑。

    A. 乡下   B. "我"家里   C. 招聘现场   D. 装饰材料店

(3) 对于表弟的成功，作者的态度很可能是（   ）。

    A. 高兴   B. 讨厌   C. 生气   D. 遗憾

小知识 Cultural Tips

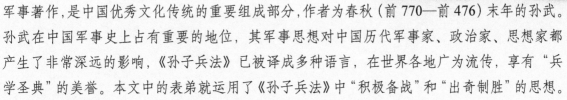

《孙子兵法》
The Art of War

    《孙子兵法》是我国古代流传下来的最早、最完整的军事著作,是中国优秀文化传统的重要组成部分,作者为春秋（前770—前476）末年的孙武。孙武在中国军事史上占有重要的地位,其军事思想对中国历代军事家、政治家、思想家都产生了非常深远的影响,《孙子兵法》已被译成多种语言,在世界各地广为流传,享有"兵学圣典"的美誉。本文中的表弟就运用了《孙子兵法》中"积极备战"和"出奇制胜"的思想。

The Art of War is the earliest and most complete Chinese military book which has been passed down from ancient times, and is an important part of the rich Chinese culture. It was written during the Spring and Autumn period (770 B.C.—476 B.C.) by Sun Wu, one of the most important figures in Chinese military history. His military ideology has deeply influenced military strategists, statesmen and thinkers of future generations. *The Art of War* has been translated into many languages, and has been circulated all over the world as a famous military classic. The younger cousin in the previous story used the ideas of "Active Preparation" and "Winning by a Surprise Move" from *The Art of War*.

种下一棵爱情树

Zhòng xià yī kē àiqíng shù

Planting a Love Tree

优势还是劣势，成功还是失败，有时候仅仅是一念之差。

苦恼 (kǔnǎo) *adj.*
annoying, vexing

优势 (yōushì) *n.*
advantage

唉声叹气
(āishēng-tànqì)
groan, sigh in despair

　　有一家旅馆，因为离市中心比较远，生意很不好。为此，旅馆老板十分苦恼。一天，他在旅馆工作会议上让大家提建议，说说这家旅馆的优势。因为几乎没有什么优势可言，工作人员都说不出什么。见员工们沉默不语，老板也唉声叹气。这时，一个爱开玩笑的清洁工随口说："老板，咱们这儿有荒山野地，还有无处不在的寒风,除了这些,我确实想不出什么优势来了。"

　　令所有人没有想到的是,这位清洁工的一句玩笑话,却引发了老板的创新灵感。一个星期以后,他在报纸上打出广告:欢迎新婚夫妇来此住宿!凡是在这里住宿的新婚夫妇,可以免费在旅馆后面的小山坡上种一棵写有他们姓名的"新婚纪念树"。此广告一打出,新婚夫妇们便蜂拥而来。此后,每年都有不少夫妇回来管理他们的"爱情树",重温新婚时的甜蜜。这极大地提升了旅馆的人气,旅馆的生意从此好了起来。后来,这家旅馆的老板成了著名的酒店管理大王,而小旅馆附近的荒山,也因为一棵棵爱情树而变成了绿色的世界。

　　这位精明的老板,靠着服务创新,不仅抓住了"爱情树"这个可以不断吸引客人的商机,而且还找到了可以变劣势为优势的机会。他并不是机会比别人多,而是解决问题的思路更宽,角度更新。

随口 (suíkǒu) *adv.*
(speak) thoughtlessly or casually

灵感 (línggǎn) *n.*
inspiration

夫妇 (fūfù) *n.*
married couple

蜂拥而来 (fēngyōng-érlái)
roll in, come in great numbers

管理 (guǎnlǐ) *v.*
manage, supervise

重温 (chóngwēn) *v.*
review

人气 (rénqì) *n.*
popularity

精明 (jīngmíng) *adj.*
shrewd, astute

商机 (shāngjī) *n.*
business opportunity

劣势 (lièshì) *n.*
disadvantage

思路 (sīlù) *n.*
train of thought, reasoning

想 一 想

Questions

老板有了什么灵感?

这家旅馆的老板为什么很苦恼?

为什么说老板很精明?

语言点 Language Points

凡（是）
if only, so long as

1. 凡是在这里住宿的新婚夫妇，可以免费……种一棵写有他们姓名的"新婚纪念树"。

"凡（是）"，副词。表示在一定范围里没有例外。

"凡（是）" is an adverb. It expresses that there are no exceptions within limits.

(1) 春节期间，凡购物满 100 元，可以得到商场赠送的一个小礼物。

(2) 他是一个诚实的人，凡是他说的话，我都相信。

变……为……
change ... to ...

2. 这位精明的老板……还找到了可以变劣势为优势的机会。

"变……为……"，是"把前者变成后者"的意思。"变"的意思是"转化"。

"变……为……" means "change something to …". "变" here means "change".

(1) 只要多动脑子，就可以变废为宝，把没用的东西变得有用。

(2) 企业要想走出劣势，变败为胜，就要以客人为本。

练习 Exercises

1. 判断正误。

(1) 那个清洁工出了个好主意。　　　　　　　　(　)

(2) 老板在电视上做了广告。　　　　　　　　　(　)

(3) 新婚夫妇可以不花钱在这家旅馆住宿。　　　(　)

(4) "爱情树"是未婚的人种的。　　　　　　　(　)

2. 选择正确答案。

（1）旅馆生意不好的最主要原因是（　　）。

    A. 那里的气候比较寒冷　　　　　B. 员工不努力工作

    C. 客人中没有新婚夫妇　　　　　D. 离市中心太远

（2）新婚夫妇看到旅馆的广告后蜂拥而来，是因为（　　）。

    A. 那个旅馆很安静　　　　　　　B. 新婚夫妇可以免费住宿

    C. 他们想种"新婚纪念树"　　　　D. 那个旅馆人气很旺

（3）"爱情树"推出以后的结果不包括（　　）。

    A. 结婚的人一下子多了　　　　　B. 老板成了酒店管理大王

    C. 荒山变成了绿色世界　　　　　D. 旅馆的生意好了

小知识　Cultural Tips

从爱情中寻找商机
Seek Business Opportunities in the Love Market

　　热恋中的男女大多是购买力很强的年轻人。近年来，中国的商家也看准了这一点，越来越多地从"爱情"里寻找商机。情人节、七夕节的时候，玫瑰花可以卖到上百元一枝，巧克力等礼物更是供不应求，电器商店也适时推出"情侣款"的电脑、手机和音乐播放器。商家打出这样的广告："爱她，就给她买……"让男士们不掏钱都不行！

Many young couples who are passionately in love have great purchasing power. In recent years, Chinese enterprises have been keen on this trend, and are beginning to seek business opportunities more and more in the love market. On Valentine's Day, and the Double Seventh Festival, one rose can be sold for over one hundred *yuan*! Chocolate and other gifts are in even shorter supply. Appliance stores also begin selling computers, mobile phones, and music players with "match" themes at those times. The businesses put out advertisements like "If you love her, you will buy her ..." leaving the men in a tough spot!

6

Sān zhī lǎoshǔ

三只老鼠

Three Mice

遇到问题和困难时你会怎么做？是从自己身上找原因，还是……

肩膀 (jiānbǎng) *n.*
shoulder

窝 (wō) *n.*
nest

抖动 (dǒudòng) *v.*
tremble

三只老鼠一起去偷油喝。找到一个油瓶后，它们就商量好，一只踩着一只的肩膀，轮流上去喝油。当最后一只老鼠刚刚爬到第二只老鼠的肩膀上时，不知什么原因，油瓶倒了，三只老鼠立刻吓跑了。

回到老鼠窝，大家开会讨论为什么会失败。最上面的老鼠说，我没有喝到油，而且推倒了油瓶，是因为下面第二只老鼠抖动了一下。第二只老鼠说，是第三只老鼠先抖动，我才抖动的。第三只老鼠说，我是因为听见门外有猫的叫声，怕了才抖的呀。"哦，原来如此！"三只老鼠恍然大悟。它们都没有责任！

三只老鼠的对话反映出一类人的特点：做一件事没有成功，不从自身查找原因，而是想着怎么把责任推到别人头上。

三只老鼠的这种心态在很多企业中也存在。在某企业的绩效考核会上，营销部经理说："最近销售做得的确不好，我们有责任。但最主要的原因是别人推出的新产品比我们的产品好，所以我们很难开展工作。我觉得，研发部门要认真总结。"研发部经理说："最近推出新产品少的原因是我们的预算太少了，就那么一点儿可怜的预算，还被财务部削减了不少！"财务部经理说："我是削减了研发部的预算，因为公司的运行成本一再上升，实在没有多余的钱来给你们。"采购部经理跳了起来："那是因为非洲南部一个大矿山爆炸了，直接导致了我们成本的上升。"这时几位经理同时叫起来："哦，原来这样啊！这么说，我们大家都没多少责任了！"人力资源经理在一旁干着急，无可奈何地说："看来，我只好去考察那个发生爆炸的矿山了！"

恍然大悟
(huǎngrán-dàwù)
suddenly realize

绩效 (jìxiào) *n.*
performance, results, achievement

考核 (kǎohé) *v.*
examine, assess

销售 (xiāoshòu) *n.*
sales

研发 (yánfā) *v.*
research and develop

总结 (zǒngjié) *v.*
sum up, summarize

预算 (yùsuàn) *n.*
budget

削减 (xuējiǎn) *v.*
cut down, reduce

成本 (chéngběn) *n.*
cost

爆炸 (bàozhà) *v.*
explode, blast

考察 (kǎochá) *v.*
explore, inspect

想 一 想
Questions

"三只老鼠的心态"
是一种什么样的心态？

你觉得对一个企业来说，
最主要的环节是什么？
是产品研发、产品质量、宣传、
销售还是其他因素？

语言点 Language Points

轮流
take turns

1. 它们就商量好，一只踩着一只的肩膀，轮流上去喝油。

"轮流"，动词，是"按照顺序一个接一个地做"的意思。

"轮流" is a verb. It means "one after another based on a set sequence".

（1）老师让同学们轮流回答问题，每个人都有机会。

（2）每天早上，同学们轮流打扫教室。

导致
lead to, bring about

2. 那是因为非洲南部一个大矿山爆炸了，直接导致了我们成本的上升。

"导致"，动词。表示引起（不好的结果）。

"导致" is a verb. It expresses the bringing about of a negative result.

（1）他平时不爱锻炼，而且经常开夜车，导致身体很差，总是生病。

（2）驾马车的商人不听别人的劝告，导致他回家晚了好几天。

干
in vain, for nothing

3. 人力资源经理在一旁干着急。

"干"，副词，是"白白地"的意思。

"干" is an adverb. It means "do something for no reason or without desired results".

（1）A：又堵车了！我恐怕赶不上十点的飞机了。

B：干着急也没用，等等看吧。

（2）老板说三月发奖金，可现在都五月了也没给一分钱，真是"干打雷不下雨"。

练 习 Exercises

填写下面的表格。

	认为企业成绩差的原因是
营销部经理	公司的新产品没有竞争对手的好
研发部经理	
财务部经理	
采购部经理	

小知识 Cultural Tips

中国人心目中的"三"
"Three" in the Chinese Mentality

汉语中,"三"是个极为活跃的数字。《老子》中说:"道生一,一生二,二生三,三生万物。"这里的"三"就是有限之极,无限之始,含有高度的哲学理念。"三"也是一种文化,在汉语词语中有很多体现。如"三年五载"、"火冒三丈"、"三生有幸"、"举一反三"、"三句话不离本行"。不过要注意,带"三"的词语并不一定是指三个,比如"三人行必有我师"、"三人成虎"。这里的"三"指的是三个或者三个以上。

In Chinese, "三" is an extremely vigorous number. In *Laozi* it says "The Dao makes one, one makes two, two makes three, and three makes all living things." The "three" here is at the end of restriction and the beginning of limitlessness, containing a high level philosophy concept. "Three" is also a type of culture, and in Chinese this is exemplified in many ways, e.g., "三年五载", "火冒三丈", "三生有幸", "举一反三", "三句话不离本行". But one must remember, phrases with "三" do not necessarily denote "three", for example, "三人行必有我师" and "三人成虎". The "三" here means "three or more".

7

Sān suì kàn dà

三岁看大

Predicting the Future from the Age of Three

从一个 3 岁的孩子身上就能看到他（她）将来的性格和命运，
你相信吗？

预先 (yùxiān) *adv.*
beforehand, in advance

说法 (shuōfa) *n.*
way of speaking,
statement

证据 (zhèngjù) *n.*
evidence

2004 年一位英国教授发表报告称，通过 3 岁幼童的言行可以预先知道他们长大后的性格。这一报告为"三岁看大"的说法提供了强有力的证据。

1980 年，教授对 1000 名 3 岁幼儿进行了考察。2003 年，也就是当他们 26 岁时，教授再次对他们进行了考察，并且对他们的朋友和亲戚进行了调查。结果如下：

当年被认为"充满自信"的幼儿占 28%。小时候，他们十分活泼热心，为外向型性格。成年后，他们热情、坚强，领导欲较强。

40% 的幼儿被归为"良好适应"类。当年他们就表现得比较自信，能够自我控制，不容易烦躁。到 26 岁时，他们的性格依然如此。

当年被列入"沉默寡言"类的幼儿占 8%，是比例最低的一类。现在他们要比一般人更倾向于隐瞒自己的感情，不愿意去影响他人，不敢做任何可能导致自己受伤的事情。

10% 的幼儿被列入"急躁不安"类，主要表现为行为消极，注意力不集中等。如今，与其他人相比，这些人更容易苦恼、愤怒。熟悉他们的人对其评价多为：不现实、心胸狭窄、容易紧张并产生对抗情绪。

还有 14% 的"自我约束"型幼儿，他们长大后的性格也和小时候一样，自我约束力强，不会轻易被外界干扰。

因此，教授指出，父母和幼儿园老师必须认真对待小孩子的所作所为。不过，他也承认，一个人的性格到成年又改变的

自信 (zìxìn) *adj.*
self-confident

调查 (diàochá) *v.*
investigate, survey

外向 (wàixiàng) *adj.*
extroverted

列入 (lièrù) *v.*
enlist

隐瞒 (yǐnmán) *v.*
conceal, hide

急躁 (jízào) *adj.*
irritable

消极 (xiāojí) *adj.*
negative

评价 (píngjià) *n.*
evaluation, assessment

心胸狭窄
(xīnxiōng-xiázhǎi)
narrow-minded,
intolerant
　心胸 (xīnxiōng) *n.*
　mind, bosom
　狭窄 (xiázhǎi) *adj.*
　narrow

对抗 (duìkàng) *v.*
defy, resist

约束 (yuēshù) *v.*
restrict, constrain

情况的确存在，父母的教育方式以及社会环境的变化对一个人的性格都会产生一定的影响。

想 一 想
Questions

为什么教授认为"父母和
幼儿园老师必须认真对待
小孩子的所作所为"？

那位教授一共做了
几次考察？分别是
在什么时候？

对于"三岁看大"
你有什么看法？

语言点 Language Points

1. 现在他们要比一般人更倾向于隐瞒自己的感情。

   "倾向于"，表示比较赞成某一种意见。

   "倾向于" expresses preference of an opinion.

   (1) 大家都倾向于这种意见：明天去大连玩。

   (2) 她倾向于派你们俩一起去，不同意我去。

   倾向于
   prefer, incline to

2. 与其他人相比，这些人更容易苦恼、愤怒。

   "与……相比"，表示互相比较。也可以说"和/跟……相比"。

   "与……相比" expresses a comparison between two things. One can also use the form "和/跟……相比".

   (1) 他的汉语水平跟过去相比，有了很大提高。

   (2) 和这本书相比，我更喜欢刚才那一本。

   与……相比
   compared with

练 习 Exercises

1. 判断正误。

(1) 几种性格类型中,"良好适应"类的比例最大,"急躁不安"类的比例最小。

（　　）

(2) "充满自信"类的孩子长大以后一定能当个好领导。　　　　　　　　（　　）

(3) "急躁不安"类的孩子往往在成年后表现为不现实和心胸狭窄。　　　（　　）

(4) 父母的教育方式和社会环境也会影响孩子性格的发展。　　　　　　（　　）

2. 填写下面的表格。

性格类型	比例	小时候的性格特征	长大后的性格特征

抓周
Zhuazhou

　　抓周是一种在中国民间流传已久的习俗，它是在小孩一周岁那天举行的一种预测前途和性情的仪式。抓周时，常常在孩子面前摆放印章、笔墨、算盘（计算器）、钱币、食品、玩具、铲子、勺子、尺子等，让孩子任意抓取，然后根据孩子的选择来预测他（她）的志趣和将要从事的职业。现在，随着生活水平的提高，抓周这种习俗被越来越多的家庭所重视，以此来庆祝宝宝的生日。

Zhuazhou is a type of Chinese folk custom that is held on the day when a child reaches one full year of age to predict the child's prospects and temperament. During the *zhuazhou*, people will usually place a Chinese seal, a pen and ink, an abacus, money, food, toys, a spade, a ladle, a ruler, etc., in front of the child and let him/her randomly grab one, and then based on what the child chooses, predict their aspirations and what career they are going to have in the future. Now, following the raised standard of living, the *zhuazhou* and other similar types of customs are more and more respected, and used to celebrate the child's birthday.

Yù sù zé bù dá
欲速则不达
Haste Makes Waste

是不是做事的速度越快，就能越快完成事情呢？

兴隆 (xīnglóng) *adj.*
prosperous, thriving

喜滋滋 (xǐzīzī) *adj.*
pleased, happy

驾 (jià) *v.*
drive

从前，有一个商人到国外去卖货，他的生意很兴隆，带去的一马车货没几天就都卖完了。他喜滋滋地给家人买了一些礼物装进马车，然后驾车往家赶。商人日夜兼程，深更半夜才住店休息。第二天一大早，又忙着赶路。店主帮他把马牵出来时，发现其中一个马掌上少了一枚钉子，于是，他提醒商人给马掌钉（dìng）钉（dīng）。商人说："再有十天就到家了，我可不想为一颗小钉耽误时间。"话还没说完就赶车走了。

两天后，商人路过一个小镇，被一个钉马掌的叫住了。钉马掌的对他说："马掌快掉了，过了这个镇可不容易再找到钉马掌的了。"商人说："再有八天我就到家了。我可不想为一个马掌耽误工夫。"离开小镇没多远，在一个人烟稀少的地方，马掌掉了。商人想，掉了就掉了吧，我可没时间再返回小镇了。就要到家了。

又走了一段路后，马开始一瘸一拐起来。一个牧马人对他说："让马养好脚伤再走吧，否则马会走得更慢的。"商人回答："再有六天我就要到家了，让马养伤多浪费时间呀！"

马走得更加吃力了。一个过路人劝他让马养好腿伤再继续赶路，可他说："不行，养好腿伤得多长时间？再有四天我就要到家了，我不想为此耽误时间！"

又走了两天，马终于倒下了，一步也走不了了，商人只得丢下马和车子，自己扛着东西徒步朝家走去。

结果，马车走两天的路程他却走了四五天，到家的时间反而比预计时间晚了两三天。有时，过于着急反而达不到目的。

日夜兼程
(rìyèjiānchéng)
travel day and night
  日夜 (rìyè) *n.*
  day and night
  兼程 (jiānchéng) *v.*
  travel non-stop

马掌 (mǎzhǎng) *n.*
horseshoe

钉子 (dīngzi) *n.*
nail

钉 (dìng) *v.*
hammer a nail into
something

人烟稀少
(rényānxīshǎo)
no sign of human
habitation, desolate

一瘸一拐
(yìquéyìguǎi)
limp

牧马人 (mùmǎrén) *n.*
horse tender

扛 (káng) *v.*
carry on one's shoulder

徒步 (túbù) *v.*
travel on foot

路程 (lùchéng) *n.*
journey, distance
traveled

预计 (yùjì) *v.*
predict, estimate

想 一 想
Questions

商人为什么不听别人的劝告?

这个商人的生意怎么样?

你认为"欲速则不达"说得有没有道理?

语言点 Language Points

耽误
delay, waste time

1. 我可不想为一个小钉耽误时间。

"耽误",动词。表示由于某种原因而没有赶上或没有完成。

"耽误" is a verb. It expresses that because of some reason, something was not achieved, finished, or kept pace with.

(1) 再有四天我就要到家了,别耽误我和亲人见面!

(2) 我不想在做饭上耽误太多时间,所以总是在外面吃。

达到目的
achieve one's goal
or intention

2. 有时,过于着急反而达不到目的。

"达到目的",表示实现自己的目标或意图。

"达到目的" expresses the realization of one's goals or intentions.

(1) 做计划是为了更好地达到目的。

(2) 为了达到学好汉语的目的,许多外国人来到中国留学。

练 习 Exercises

1. 选择正确答案。

(1) 商人不在半路上给马钉钉，原因是（　　）。

　　A. 觉得无所谓

　　B. 不想花钱

　　C. 觉得店主骗他

　　D. 不想浪费时间

(2) 商人到家反而比预计时间晚，原因是（　　）。

　　A. 他在路上帮别人的忙

　　B. 马受伤了

　　C. 预计的时间错了

　　D. 他在路上总和别人聊天

(3) 先后有（　　）个人提醒商人。

　　A. 两　　　　　　B. 三

　　C. 四　　　　　　D. 五

(4) 课文的题目也可以叫（　　）。

　　A. 商人和马

　　B. 别人的意见很重要

　　C. 精明的商人

　　D. 心急吃不了热豆腐（More haste, less speed.）

2．连线。

人物	建议
（1）过路人	A．给马掌钉钉
（2）钉马掌的人	B．让马养好腿再赶路
（3）牧马人	C．给马钉马掌
（4）店主人	D．让马养好脚再赶路

拔苗助长
Spoiling Things through Excessive Enthusiasm

战国时有一个宋国人，每天辛辛苦苦地在地里干农活。他觉得很累，希望自己种的庄稼能长得快一点。可是，庄稼似乎一点也没长高。于是，他想到一个帮助庄稼长高的办法：他把庄稼一棵一棵地拔高了。他以为这样做，他的庄稼会长得更快，结果庄稼全都枯死了。自然万物的生长都是有规律的，这个宋国人急于求成，违反事物的发展规律，得到了相反的结果。

Once there was a man from the state of Song during the Warring States Period. He painstakingly farmed his fields every day. He was exhausted and wished that his crops would grow faster. However, the crops seemed not to be growing even slightly. Thereupon, he thought of a way to help the crops grow: one by one he pulled the crops higher. He thought that by doing this, his crops would grow more quickly, but it only resulted in them drying up and dying. All living things have a natural way of growing, but the Song man, anxious for quick results, violated this law of development, and achieved the opposite of his intentions.

9

Gǎngwèi nándù yào shìdàng

岗位难度要适当

Jobs Should Be Appropriately Challenging

工作是越容易越好吗？

美国一位科学家做了这样一个实验：把六只猴子分别关在三个空房间里，每个房间两只猴子，房间里分别放着一定数量的食物，但放的位置高度不一样：第一个房间的食物就放在地上；第二个房间的食物分别从低到高，挂在不同高度的位置上；第三个房间的食物挂在房顶上。

几天以后，他们发现，第一个房间的猴子一死一伤，伤的猴子也快不行了；

第三个房间的两只猴子都死了；而第二个房间的猴子却都活得好好的。

原来，第一个房间里的两只猴子一进房间，就看到了地上的食物，于是，为了争夺食物，它们俩打了起来。结果，死的死，伤的伤。第三个房间的猴子，虽然做了努力，但因为食物放得太高，难度太大，够不着，结果被活活饿死了。只有第二个房间的两只猴子，先是各自跳起来取食物，但随着悬挂食物高度的增加，难度增大，两只猴子只有合作才能取得食物，于是，一只猴子托起另一只猴子跳起来取食物。这样，每天都能取到够吃的食物，它们很好地活了下来。

科学家做的虽然是猴子取食物的实验，但在一定程度上也说明了人与工作岗位的关系。岗位难度太低，人人都能干，而且会为了某个职位争斗起来，结果就像第一个房间里的两只猴子；而岗位的难度太大，即使努力也干不好，结果就像第三个房间里的猴子。这两种情况往往都体现不出人的能力和水平。

岗位的难度要适当，要有一定的层次，就和第二个房间的食物一样。这样，才能真正体现出人的能力与水平，发挥人的能力和智慧。同时，相互间的依存关系能够使人相互合作，共同克服困难。

争夺 (zhēngduó) *v.*
fight over

随着 (suízhe) *v.*
along with, following

悬挂 (xuánguà) *v.*
hang, suspend

合作 (hézuò) *v.*
cooperate

托 (tuō) *v.*
support from under with the palm

层次 (céngcì) *n.*
different grades arranged according to size or level

相互 (xiānghù) *adv.*
mutually

依存 (yīcún) *v.*
depend on

想 一 想
Questions

这个实验的结果
如何？

为什么岗位的
难度要适当？

美国科学家做了一个
什么样的实验？

语言点 Language Points

体现
embody, reflect

1. 这两种情况往往都体现不出人的能力与水平。

"体现"，动词。表示性质、特点通过某一个具体的事物表现出来。

"体现" is a verb. It expresses characteristics or traits shown through a specific object.

(1) 这次考试的成绩体现出了同学们的听力水平。

(2) 每个同学的努力都会在作业和考试中体现出来。

克服
overcome, conquer

2. 相互间的依存关系能够使人相互合作，共同克服困难。

"克服"，动词。表示战胜（缺点、错误、坏习惯、不好的现象或不利的条件等）。

"克服" is a verb. It expresses the surmounting of shortcomings, mistakes, bad habits, bad phenomena, or other disadvantages.

（1）父母应该帮助孩子克服不良习惯，同时，培养他们的良好习惯。

（2）每个人身上都有缺点，我们应该不断克服它们。

练 习 Exercises

1. 判断正误。

   (1) 第三个房间的食物是挂在房顶上的。　　　　　　（　　）

   (2) 是科学家教第二个房间里的猴子该怎么做的。　　（　　）

   (3) 作者认为，岗位的难度既不能太高，也不能太低。（　　）

2. 选择正确答案。

   (1) 三个房间的食物，在（　　）上有不同。

   　　A. 数量　　　　　B. 种类

   　　C. 位置　　　　　D. 颜色

   (2) 第一个房间里的猴子，有死有伤，原因是（　　）。

   　　　　A. 环境不好

   　　　　B. 饲养员殴打它们

   　　　　C. 相互争抢食品

   　　　　D. 生病

   (3) 第二个房间里的猴子未出现死伤，主要是因为（　　）。

   　　　　A. 取食毫无难度

   　　　　B. 跳着取食，锻炼了身体

   　　　　C. 它们比较聪明

   　　　　D. 互相协作拿到了食物

"卷铺盖" 和 "炒鱿鱼"

Getting Fired

"卷铺盖"和"炒鱿鱼"都是指被解雇。因为人们对开除和解雇这类词十分敏感，觉得它太刺耳，于是有些人就用"卷铺盖"来代替。因为在过去，被雇用人的被子、褥子大都是自带的，离开时，当然要卷起自己的铺盖了。"炒鱿鱼"是"被解雇"的意思。它本来是一道广东菜，即炒鱿鱼片，当鱿鱼片熟透时，便会自动卷成一圈，正好像被开除的员工，将自己的铺盖卷起来一样，所以，人们常把"被解雇"叫作"炒鱿鱼"。如今，我们还可以听到"我炒了老板的鱿鱼"，"我把老板炒了"这样的话。

"卷铺盖" and "炒鱿鱼" both refer to being fired from a job. Because people are particularly sensitive to the subject of being laid off or fired, and feel that it is too direct, so they use "卷铺盖" as a euphemism. In the past most of the working class's quilts and mattresses were brought with them, and in leaving, they'd of course roll up their own bedding, or "铺盖". "炒鱿鱼" means "to be fired". Originally it was a type of dish

in Guangdong, namely fried squid slices. When the squid pieces were well cooked, they would curl up into rolls, which just so happened to look like employees who just got fired wrapping up their bedding. Thus, people often refer to being fired as "stir-fried squid". Today we can often hear things like "我炒了老板的鱿鱼" or "我把老板炒了" (literally, I have stir-fried my boss' squid).

10

隔代教育

Generation-Skipping Education

中国的很多孩子在小时候都是和老人一起生活的，
老人们对孩子的关心和照顾一般都很细致。
但是，孩子完全跟老人一起生活，会不会给他们的成长带来问题呢？

模式 (móshì) *n.*
mode, method

质疑 (zhìyí) *v.*
question

独生子女
(dúshēngzǐnǚ) *n.*
only child

在中国，无论在农村还是城市，隔代教育都是普遍现象。这种家庭教育模式已有几千年的历史。可是现在，它越来越受到质疑。

在现在这个独生子女的时代，子女为了生活和工作整天忙碌，根本没有多少时间管孩子。而老人退休后，时间很充裕，所以子女的孩子就理所当然地跟着老人们一起生活了。调查显示，在广州，目前 0 至 6 岁的孩子中有接近一半属于隔代教育；在上海，这个数字超过了一半；在北京则高达 70%。而且，孩子的年龄越小，与老人在一起生活的比例就越高。而中国 60% 以上的问题少年都与老人有关。这似乎在告诉人们，跟老人们一起生活，孩子成为问题少年的几率要高得多。现在，人们说到问题少年时，常常会问一句：他是不是被老人带大的？

近年来，人们已经看到了隔代教育存在着一定的弊端，所以，许多人开始有意地阻止孩子和老人过多地接触。那么，爷爷奶奶或者姥爷姥姥的爱真有那么可怕吗？分析调查结果以后专家们认为，对隔代教育的批判，是由于现在人们对孩子的希望和要求比以往任何时代都要高很多，但老人们的教育观念却可能相对落后于时代发展和孩子成长的要求。教育子女也是一门科学，可是调查表明，95% 以上的家长没有学习过如何教育子女，而隔代家长的这个比例竟然接近 100%！

现在有关隔代教育问题的争论还在进行中，在这样的争论声中，中国新一代的孩子很快就要成长起来了。孩子们并不知道隔代教育给他们带来的究竟是弊还是利。不过，人们相信，既然已经发现了问题，就总有一天会找到解决办法的。

忙碌 (mánglù) *adj.*
busy, bustling

退休 (tuìxiū) *v.*
retire

充裕 (chōngyù) *adj.*
abundant, ample

理所当然
(lǐsuǒdāngrán)
as a matter of course

几率 (jīlǜ) *n.*
probability

弊端 (bìduān) *n.*
malpractice, abuse

有意 (yǒuyì) *adv.*
intentionally, purposely

阻止 (zǔzhǐ) *v.*
prevent, hold back

以往 (yǐwǎng) *n.*
before, in the past

观念 (guānniàn) *n.*
concept, idea

争论 (zhēnglùn) *n.*
argue, debate

想 一 想
Questions

语言点 Language Points

管
look after, restrict

1. 子女为了生活和工作整天忙碌，根本没有多少时间管孩子。

"管"，动词，是"照料；约束"的意思。

"管" is a verb. It means "look after" or "restrict".

（1）对于经常不来上课的学生，老师应该好好管一下。

（2）经理发现最近有些员工上班时间玩电子游戏，他决定管一管这种现象。

究竟
after all, outcome, result

2. 孩子们并不知道隔代教育给他们带来的究竟是弊还是利。

"究竟"，副词。一般用于问句，表示追究，相当于"到底"。

"究竟" is an adverb. It is usually used in question sentences to express investigation, and is equivalent to "到底".

（1）今年休假咱们究竟在国内旅行还是去国外旅行？

（2）这种汽车究竟好不好？省油吗？

练 习 Exercises

1. 判断正误。

　(1) 中国现在是独生子女的时代。　　　　　　　(　)

　(2) 爷爷奶奶们几乎都没有学过如何教育孩子。　(　)

　(3) 关于隔代教育的争吵还在继续。　　　　　　(　)

2. 根据课文内容填空。

　(1) 0 至 6 岁孩子隔代教育占的比例超过一半的城市有：＿＿＿＿＿＿＿＿＿。

　(2) 孩子跟着老人们一起生活的原因是：＿＿＿＿＿＿＿＿＿＿＿＿＿。

小知识　Cultural Tips

子不教，父之过
Like Father, Like Son

　　中国的传统文化认为，家庭教育对孩子非常重要，父母的榜样与教育决定着子女的品行和未来。中国历史上就有一本非常有名的儿童启蒙读物，叫《三字经》。《三字经》每三字一句，共一千多字，是学习中华传统文化不可多得的材料，在中国家喻户晓。"子不教，父之过"就是其中两句，意思是"仅仅供养儿女吃穿，而不好好教育，是父亲的过错"。因此，中国人认为从小就要严格教育孩子，否则就是不负责任。

　　Traditional Chinese culture believes that household education of children is very important, and that the examples parents set determine the future behavior of their children. In Chinese history, there is a very famous children's reading material called the *Three-Character Classic*. The *Three-Character Classic* has three characters in each sentence, and has over one thousand characters all together and is a very special reading in the study of Chinese tradition, understood by all. "Like father, like son" are two phrases from the book, which means that only providing food and clothing but no good education for children is a father's mistake. Because of this, the Chinese believe that one must strictly educate one's children, otherwise it is irresponsible.

11

打工妹的选择

The Choice Made by a Working Girl from the Countryside

人生的选择非常关键，因为什么样的选择决定什么样的生活。

文凭 (wénpíng) *n.*
diploma

托 (tuō) *v.*
ask, plead

老乡 (lǎoxiāng) *n.*
someone from the same
hometown

制作 (zhìzuò) *v.*
make, manufacture

包 (bāo) *v.*
cover the cost

我认识一个女孩，高中毕业后，她只身一人来到北京。18岁的她，没有文凭，没有工作经验，自然在北京也就找不到什么好工作。好不容易才托老乡找到了一家小店，在那里做打字员。这样的小店在北京街头随处可见，主要业务就是打字、复印、制作名片之类的。一个月工资 400 元，包吃。她住的地方离小店不算近，骑自行车 40 分钟的样子，是和几个老乡一起租的一间地下室，一个床位每天 8 元。

除了打字外，她几乎没什么别的事可做。她从家里带来的书还是高中念的英语书。没事就拿出来翻，书的边儿都起卷了。她闭着眼睛都能从书的第一页背到最后一页。就这样，她一边打工，一边自学。她攒了一年的钱，终于够上个英语班了。同屋的老乡笑话她，说："你这么做太不值得了！根本没用！有多少人是科班出身？你永远也别想超过他们！公司里的人又不是傻子，放着科班出身的毕业生不要，要你？不可能的！"她听了，什么也不说，只是笑笑。就这样，她一边打工，一边上学。六年之中，工作换了很多个，待遇也越来越高了，开始是400元，接着是600元，不久后800元，跟着是1200元，然后升到1500元，她的英文也由一级提高到二级、三级，最后连四级和六级的证书也拿到了手，并且已经能和老外交流了。最近，她又换了工作，在一家外企，月薪6000元。

她从以前住的那间地下室搬了出来，与另一个女孩合租了一套两室一厅的房子。不久，她认识了一个和她公司有着业务来往的部门经理。两年后，他们结婚了，并买了自己的房子。

有一次，她上街又碰到了那个曾经和她一起住在地下室的老乡，老乡说一切都没有什么变化，自己还是住在当年的地下室，只不过周围的人年年都不同，一副很感慨的样子。

卷 (juǎn) *n.*
roll, spool

攒 (zǎn) *v.*
save, accumulate

科班 (kēbān) *n.*
regular school training

超过 (chāoguò) *v.*
exceed, surpass

待遇 (dàiyù) *n.*
salary and benefits

外企 (wàiqǐ) *n.*
foreign enterpise

月薪 (yuèxīn) *n.*
salary

业务 (yèwù) *n.*
business

感慨 (gǎnkǎi) *v.*
sigh with emotion

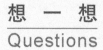

想一想
Questions

后来女孩的生活发生了什么变化？

后来女孩碰到老乡时，老乡为什么"一副很感慨的样子"？

女孩在北京为什么找不到好工作？

语言点 Language Points

自然
of course, naturally

1. 她……没有文凭，没有工作经验，自然在北京也就找不到什么好工作。

"自然"，副词，是"当然"的意思。

"自然" is an adverb. It means "of course".

（1）这个工作对他来说太难了，自然也就很难干好。

（2）只要多听、多说、多读、多写，自然会学得更好、学得更快。

之类
and such, and the like

2. 这样的小店……主要业务就是打字、复印、制作名片之类的。

"之类"，表示跟前边所说的人或事物有共同特点的一类。

"之类" expresses that somebody or something belongs to the category of the aforementioned people or objects.

（1）你应该多吃苹果、香蕉之类的水果，身体会更健康。

（2）平时洗衣服、买菜、做饭之类的家务活都是妈妈干的。

练 习 Exercises

选择正确答案。

(1) "闭着眼睛都能从书的第一页背到最后一页"说明女孩（　　）。

　　A. 经常背书　　　　　　　　B. 眼睛很好

　　C. 喜欢从后往前看书　　　　D. 对书的内容非常熟悉

(2) 同屋的老乡笑话女孩学英语的原因是（　　）。

　　A. 她为学英语花钱太多了　　B. 她肯定学不好英语

　　C. 她无法和科班出身的人竞争　D. 公司里的人都是傻子

(3) 面对老乡的嘲笑，女孩"什么也不说，只是笑笑"的原因是（　　）。

　　A. 她也觉得自己很傻　　　　B. 她觉得别人不会理解她的想法

　　C. 她觉得老乡的话很有意思　D. 她觉得老乡的话很有道理

小知识 Cultural Tips

城市里的打工族
The Working Class of the City

　　一开始，打工族一般指来城里的乡下人，按性别可以分为"打工仔"和"打工妹"。他们或在酒店端盘子，或在工地搬货物，或到有小孩的家庭当保姆。他们一般没有很高的学历，从事比较辛苦、工资较低的工作。现在，打工族不仅仅是乡下人，城里人也加入了打工族。打工的大学生被称为"高级打工仔"，收入极高者被称为"打工皇帝"。

　　At first, the working class generally referred to the rural immigrants in the cities. Based on sex, they were divided into "working men" and "working women". They worked in restaurants as waiters or waitresses, at construction sites moving goods, or in the homes of children as housemaids. Generally their eduction level was not very high, and they engaged in rather arduous work with relatively low pay. Now the working class not only refers to rural immigrants, but also to city folk. Working college students are called "high class working boys/girls" and those with very high salaries are called "working emperors".

自助游（上）

Zìzhù yóu (shàng)

Self-Service Travel (Part 1)

中国历史悠久、地域辽阔，名胜古迹、自然景观遍布全国各地。
每个景点都有最适合去参观的时间。

内陆 (nèilù) *n.*
inland

中国的旅游资源很丰富，但不是任何一个地方在任何一个时间都适合游玩。因为中国东西距离约 5200 千米，南北距离约 5500 千米。中国的东部靠近太平洋，西部为内陆。因此即使同一个季节，各地的气候、景色也有所不同。

随着中国人生活水平的提高，旅游的人越来越多，旅行方式也逐渐多样化，出现了很多自助旅行者。自助旅行者也被称为"背包客"，以青年学生和白领为主。他们不嫌麻烦，不怕累，愿意花很多时间研究和安排旅行的每一个细节，设计十分个性化的旅行方案，而且往往愿意在网上与他人分享自己的旅游感受。

下面就是背包客们为你总结的在"最佳时间"去的"最佳地方"。

一月，哈尔滨。每年大约在一月至二月，黑龙江的哈尔滨都会举办"冰雪节"。寒冷的冬天，在这座冰雪之城的大街小巷，你都可以看到各种各样美丽的冰雕、冰灯。

二月，海南。二月是寒冷的季节，但人们却能在海南享受温暖的阳光和一望无际的椰林。而且海南可参观的景点众多，如大东海、被称为"东方夏威夷"的亚龙湾沙滩、天涯海角、鹿回头山顶公园等等。

三月，江南。"春风又绿江南岸"，"烟花三月下扬州"，无数诗人都把自己的赞美之词给了三月的江南。不论是江南古镇，还是上海、杭州和苏州等城市，都是这个季节出游的好选择。

白领 (báilǐng) *n.*
white collar

细节 (xìjié) *n.*
detail

个性化 (gèxìnghuà) *v.*
personalize, customize

分享 (fēnxiǎng) *v.*
share

一望无际
(yīwàngwújì)
stretch as far as the eye
can see

景点 (jǐngdiǎn) *n.*
place of interest, scenic
spot

幽静 (yōujìng) *adj.*
quiet, secluded

神秘 (shénmì) *adj.*
mysterious

盆景 (pénjǐng) *n.*
potted landscape

仙境 (xiānjìng) *n.*
fairyland, wonderland

挺拔 (tǐngbá) *adj.*
tall and straight

溪流 (xīliú) *n.*
stream

瀑布 (pùbù) *n.*
waterfall

四月，桂林、黄山、昆明等。春天是赏花的季节，去广西桂林可以赏桃花，去江苏扬州可以赏琼花，到安徽黄山可以赏油菜花，到云南昆明可以赏樱花，到北京可以观赏海棠。

五月，香格里拉。香格里拉在云南省西北部。那里有蓝蓝的天空，满山的杜鹃，幽静的佛教寺院和神秘的雪山。

六月，张家界。湖南的张家界被中外游人誉为"扩大的盆景，缩小的仙境"。因为这里有挺拔的山峰、弯弯的溪流、浓密的森林，还有大大小小的山洞和瀑布，所以，即使是炎热的六月，来这里也能让你感受到清凉和美丽。

想 一 想
Questions

为什么哈尔滨还是冰天雪地时，海南却是阳光普照？

你怎么理解"扩大的盆景，缩小的仙境"这句话？

"背包客"们有什么特点？

语言点 Language Points

1. 他们不嫌麻烦，不怕累。

> 嫌 resent, dislike

"嫌"，动词，是"不喜欢；不满意"的意思。

"嫌" is a verb. It means "dislike".

（1）许多人嫌养宠物太麻烦，就养一只电子宠物。

（2）弟弟嫌我走路太慢，不愿意和我一起旅行。

2. 张家界被中外游人誉为"扩大的盆景，缩小的仙境"。

> 被誉为 be acclaimed as

"誉"，动词，是"称赞"的意思。"被誉为"是"被称赞为"的意思。

"誉" is a verb. It means "acclaim". "被誉为" means "be acclaimed as".

（1）中国有很多人骑自行车，所以中国被誉为"自行车王国"。

（2）海南的亚龙湾沙滩景色非常优美，被游客誉为"东方夏威夷"。

练 习 Exercises

1. 判断正误。

  （1）中国的老年人最喜欢自助旅游。   （ ）

  （2）一年四季你都可以在哈尔滨的大街上看到冰雕。 （ ）

  （3）海南的大东海被称为"东方夏威夷"。 （ ）

  （4）江南的美景从古到今都很有名。   （ ）

  （5）在张家界，你可以同时看到很多美景。 （ ）

  （6）作者建议二月去海南玩，因为那时候机票便宜。 （ ）

2. 连线。

  （1）油菜花   A. 香格里拉

  （2）海棠   B. 昆明

  （3）樱花   C. 扬州

  （4）琼花   D. 黄山

  （5）杜鹃   E. 桂林

  （6）桃花   F. 北京

哈尔滨的冰雕、冰灯
Harbin Ice Sculptures and Ice Lanterns

冰雕,是一种以冰为主要材料来雕刻的艺术形式。在中国,东北是冰雕发展最好的地区,其中最有名的是哈尔滨冰雕展。每年都有相当多的游客来参观访问,而且规模也一年比一年大,不仅参展的艺术家越来越多,而且雕刻的主题也变得越来越丰富。此外,哈尔滨的冰灯艺术也很有名,现在,每年冬天举办的冰灯游园都会吸引大批游客。

Ice sculpture is an art form that incorporates the use of ice as its main medium. In China, ice sculpture is mostly developed in the Northeast region, of which the most famous is the Harbin Ice Sculpture Exhibition. Every year there are many tourists that come to the exhibition, and its scale is larger and larger each year. Not only do more and more artists participate, but the themes of the sculptures are ever diversified. Additionally, Harbin ice lanterns are also very famous. Currently, in every winter season, the ice lantern parks attract a large amount of tourists.

13

Zìzhù yóu (xià)

自助游（下）

Self-Service Travel (Part 2)

上一篇文章告诉了我们一月到六月该去哪儿玩，
那七月以后去哪儿呢？

避暑山庄
(bìshǔshānzhuāng)
mountain resort

屋脊 (wūjǐ) *n.*
ridge of a roof

沿途 (yántú) *n.*
along the sides of the
road

七月，大连、青岛等。夏天当然要去海边了，辽宁的大连和山东的青岛、威海、烟台这几个地方都是不错的选择。而内地山西的五台山和河北承德的避暑山庄也是夏天旅游的好地方。

八月，"世界屋脊"西藏。你可以坐飞机去，也可以坐火车去。坐火车虽然慢一些，但是沿途的风土人情将是你巨大的收获。你可以在大草原上骑马，还可以住在当地藏民的家里。雄伟的布达拉宫更会让你一生难忘。

九月，新疆。九月份天气渐渐转凉，瓜果也熟了，这时最好的去处是有着"瓜果之乡"美誉的新疆。沿着"乌鲁木齐——吐鲁番——库尔勒——喀什"一线的沙漠公路，可以感受当地独特的风情；而"乌鲁木齐——天池——喀纳斯"沿线则有湖光山色和草原美景可以欣赏。

十月，九寨沟。四川九寨沟的山水风光一向被誉为"童话世界，人间仙境"。那里最绚烂的季节是秋季。山坡上树木的叶子，有绿色的、金黄的、火红的，五彩缤纷。湖山同色，十分迷人。

十一月，台湾。台湾气候温和，长夏无冬。深秋，你可以去阿里山欣赏清晨的云海，也可以到日月潭欣赏著名的"双潭秋月"。另外，台湾少数民族很多，你还可以去他们的家里体验一下不同的文化和习俗。

十二月，香港。香港是传统与现代、东方与西方文化交融的地方。每年这个时候，香港都要举办"冬日节"，会有各种

风土人情
(fēngtǔrénqíng)
local conditions and
customs
　风土 (fēngtǔ) n.
　local conditions
　人情 (rénqíng) n.
　customs and social
　practices

布达拉宫
(bùdálāgōng)
Potala Palace

欣赏 (xīnshǎng) v.
appreciate

童话 (tónghuà) n.
fairy tale

绚烂 (xuànlàn) adj.
splendid, gorgeous

五彩缤纷
(wǔcǎi-bīnfēn)
all the colors in
profusion

迷人 (mírén) adj.
fascinating, enchanting

体验 (tǐyàn) v.
experience

习俗 (xísú) n.
custom, tradition

交融 (jiāoróng) v.
blend, mingle

打折 (dǎzhé) v.
give a discount

高峰 (gāofēng) *n.*
peak, summit

动心 (dòngxīn) *v.*
be moved, show
interest

犹豫 (yóuyù) *v.*
hesitate

各样的庆祝活动。此外，这时正是香港年末的打折高峰，是购物的黄金时机。

介绍了这么多，不知你有没有动心？其实，中国好玩的地方远不止这么多！还犹豫什么呢？心动不如行动，赶快背上背包，体验一下中国各个时节各个地方的美景吧！

想 一 想
Questions

坐火车去西藏的优点和缺点各是什么？

你对哪些地方的风土人情比较感兴趣？

炎热的夏季，最好去哪些地方旅游呢？

语言点 Language Points

一向
all along

1. 九寨沟的山水风光一向被誉为"童话世界，人间仙境"。

"一向"，副词，是"从过去到现在"的意思。

"一向" is an adverb. It means "all along" or "from the past until the present".

（1）我学习一向都很好，老师常常表扬我。

（2）"桂林山水甲天下"，桂林一向就是个旅行的好地方。

2. 中国好玩的地方远不止这么多！

不止
exceed

"不止"，动词，是"超出"的意思。

"不止" is a verb. It means "exceed" or "overstep".

（1）他不止一次跟我说过他爱我，可是我还是不相信他。

（2）我的好朋友里不止她一个人会弹钢琴。

练习 Exercises

1. 选择正确答案。

(1)（　　）不是海滨（hǎibīn：seaside）城市。

　　A. 青岛　　　　B. 烟台　　　　C. 承德　　　　D. 大连

(2)（　　）的少数民族比较少。

　　A. 西藏　　　　B. 山东　　　　C. 台湾　　　　D. 新疆

(3) 文中没有介绍（　　）的自然风光。

　　A. 九寨沟　　　B. 新疆　　　　C. 香港　　　　D. 西藏

(4) 如果你想同时感受东方与西方的文化，你应该去（　　）。

　　A. 五台山　　　B. 台湾　　　　C. 承德　　　　D. 香港

2. 根据课文内容填空。

(1) 如果你想买到便宜的商品，你应该在 ＿＿＿＿＿＿ 月的时候去 ＿＿＿＿＿＿。

(2) 喜欢吃水果的人，可以在 ＿＿＿＿＿＿ 月去 ＿＿＿＿＿＿ 一饱口福（yībǎo kǒufú：to eat one's fill）。

(3) ＿＿＿＿＿＿ 月，在 ＿＿＿＿＿＿ 你可以欣赏到各种颜色的树叶。

(4) 夏天，如果你不想去海边，你可以去 ＿＿＿＿＿＿ 和 ＿＿＿＿＿＿ 享受清凉。

小知识 Cultural Tips

吉祥的哈达
The Lucky Khata

到西藏旅游，你就会发现藏族人有一种特殊的礼节——赠送哈达。哈达是一种生丝织品，也有的是用丝绸织的。哈达的长短不一，颜色各异。藏族认为白色象征纯洁、吉利，所以，哈达大多是白色的。一般来说，要用双手捧哈达，高举与肩平，然后再平伸向前，弯腰给对方，这时，哈达正好与头顶平齐，这表示对对方的尊敬和最大的祝福。对方则应以恭敬的姿态用双手平接。

Travelers arriving in Tibet will realize that Tibetans have a type of special etiquette—giving khatas as gifts. Khatas are raw silk textiles, and some are even made of fine silk. Not all khatas are of the same length, and their colors are also different. Tibetans regard the color of white as pure and lucky, therefore most khatas are white. Generally speaking, when presenting a khata, one should hold it with both hands at the same level as the shoulders, and extend it in front of the person while stooping down. This way, the khata is eventually at the same level as the top of the head, and it expresses respect and best wishes to the recipient. Likewise, the recipient should assume a respectful posture and accept it at the same level with both hands.

"的士"司机

"Dīshì" sījī

A "Taxi" Driver

送人玫瑰，手有余香。无私帮助他人固然是一种美德，而接受帮助的人也应怀有一颗感恩（gǎn'ēn：feel grateful）的心。

L 大酒店，
请快点！

出差 (chūchāi) v.
go on a business trip

拼命 (pīnmìng) v.
exert the utmost
strength

那一年秋天，我到一个遥远而又陌生的城市出差，住在当地十分著名的 L 大酒店。

那天，我在城里忙了一整天，黄昏时，终于将事情办得差不多了。我想赶紧拦一辆出租车回酒店休息。我站在路边，拼命地挥手，可是，没有一辆出租车停下来。当时正赶上下班时间，车很不好打。

终于，有一辆车缓缓地在我身边停了下来。我如遇救星，连忙冲上去，拉开车门，坐下后，立刻对司机说："L 大酒店，请快点！"

"L 大酒店？"司机想了一下，"很远哪！"

"这倒奇怪了，别处的出租车司机都希望越远越好，怎么你会嫌远呢？"我十分不解。

司机欲言又止，最后，他终于下定决心，发动车子说："那就走吧！"

我庆幸自己碰到了一位好说话的司机。这位司机衣着整齐，藏青色的西装，雪白的衬衫，淡蓝色的领带，搭配得相当得体。他不像一般的出租车司机那样衣着随便、风尘仆仆的样子，倒像准备去赴一场盛宴似的。

L 大酒店果然很远。车子开得很快，半个钟头后，终于到了。这半个钟头里，我累得连一句话也不想说，只是闭上眼睛休息。车到目的地，我掏出钱包准备付钱，却发现这辆"出租车"居然没有计价器！

"我这辆出租车不仅没有计价器，而且是免费的。"司机微笑着说。

| 缓缓 (huǎnhuǎn) *adj.* slow |
| 如 (rú) *v.* as, as if |
| 救星 (jiùxīng) *n.* savior |
| 欲言又止 (yùyányòuzhǐ) wish to speak but do not on the second thought |
| 搭配 (dāpèi) *v.* arrange in pairs or groups |
| 得体 (détǐ) *adj.* appropriate to the occasion |
| 风尘仆仆 (fēngchén-púpú) worn out by a long journey |
| 盛宴 (shèngyàn) *n.* feast |

敏捷 (mǐnjié) *adj.*
nimble, agile

不由分说
(bùyóufēnshuō)
allowing no arguments

逼 (bī) *v.*
force

晚霞 (wǎnxiá) *n.*
sunset glow

"啊?"我哪里肯信。

司机敏捷地跳下车,一边帮我拿东西,一边微笑着说:"亏你还戴着眼镜!再仔细看看,这哪里是出租车,这是我的私家车呀!"

"我原本要去你在门前等车的那家酒店吃晚饭,哪知道还没停稳,你就拉开车门进来了,命令我去 L 大酒店。我看你实在太着急了,只好送你过来。看来,今晚我得在 L 大酒店吃晚饭了。"

天哪!我想我实在是累昏了头,连车有没有出租车标志都没有看清楚,就不由分说地"逼"着人家当了一回出租车司机。

天边的晚霞飘散着,我的脸也一定红透了。

想 一 想
Questions

这个司机对我态度怎么样?

在我的印象中,一般的出租车司机是什么样的?

坐车到目的地的时候,我发现了什么?

语言点 Language Points

1. 我庆幸自己碰到了一位好说话的司机。

"庆幸"，动词。表示为事情意外地得到好的结局而感到高兴。

"庆幸" is a verb. It expresses a feeling of happiness as the result of something having an unexpectedly good outcome.

（1）我们终于平安回家，这真值得庆幸！昨天的风太大了！

（2）上周考试那天我很不舒服，不过庆幸的是考得还不错。

> **庆幸**
> rejoice, congratulate oneself

2. 亏你还戴着眼镜！

"亏"，动词。反说，表示讥讽。

"亏" is a verb. It is sarcastic and exprsses ridicule or mocking.

（1）一天说了三次谎，亏你做得出。

（2）亏你还是老师，每天跟学生讲要遵守交通规则，自己却闯红灯。

> **亏**
> luckily

3. 我原本要去……那家酒店吃晚饭。

"原本"，副词，是"原来；本来"的意思。

"原本" is an adverb. It means "originally".

（1）我们班原本有20人，后来又来了两个同学，现在是22个人。

（2）弟弟原本要出去玩，没想到突然下雨了，就只能待在家里了。

> **原本**
> originally

练 习 Exercises

1. 判断正误。

（1）那天"我"直到晚上才办完事。　　　　　　　　　　（　　）

（2）一开始"我"就对那个司机的印象很好。　　　　　　（　　）

（3）那个司机是第一次开出租车。　　　　　　　　　　　（　　）

2. 选择正确答案。

（1）"我"打不到出租车，因为（　　）。

　　　A. 那里出租车很少　　　　　B. 司机不想为"我"停车

　　　C. "我"忘了带钱　　　　　　D. 下班时间没有空车

（2）别的出租车司机都希望越远越好，因为（　　）。

　　　A. 越远挣的钱越多　　　　　B. 有时间和乘客聊天

　　　C. 车能开得很快　　　　　　D. 越远越不容易堵车

（3）文中的这位司机和一般出租车司机的不同之处是（　　）。

　　　A. 他停车的速度慢　　　　　B. 他想去远一点的酒店

　　　C. 他的穿着整齐得体　　　　D. 他不喜欢开玩笑

（4）"我"的脸"一定红透了"可能是因为（　　）。

　　　A. "我"很热　　　　　　　　B. 司机的话让"我"很感动

　　　C. "我"感到很惭愧　　　　　D. "我"很生自己的气

学雷锋，做好事
Follow the Example of Lei Feng and Do Good Deeds

雷锋（1940—1962），湖南人。他是一位解放军战士，生前经常帮助别人，做了很多"不留名"的好事。1963年3月5日，毛泽东主席亲笔题词："向雷锋同志学习"。此后，每年3月5日便成了中国全民学雷锋的日子。"学雷锋"也逐渐成为了"做好事"的代称。人们遇到好人，常常会说：遇到"活雷锋"了。

Lei Feng (1940—1962) was from Hunan Province. He was a member of the Chinese People's Liberation Army. He was always helping people during his life, and performed many "anonymous" acts of kindness. On March 5th, 1963, Chairman Mao Zedong wrote this inscription himself: "Follow the example of Comrade Lei Feng."

From then on, every March 5th has become the Chinese national day for learning from Lei Feng. "Follow the example of Lei Feng" has also gradually become an alternative name for "do good deeds". When people encounter kind people who are willing to help others, they often say they have run into "a living Lei Feng".

15

Cōngming de kuìzèng

聪明的馈赠

Clever Gifts

要是你中了大奖，亲朋好友都向你要钱，
你会怎么办？

中奖 (zhòngjiǎng)
hit the jackpot

福利彩票
(fúlì cǎipiào) *n.*
welfare lottery
　福利 (fúlì) *n.*
　welfare
　彩票 (cǎipiào) *n.*
　lottery

五年前，一座小城里的王小海、赵一明两人分别中了118

万元的福利彩票大奖；可是五年后，两人的生活却大为不同：

赵一明成了拥有数家超市的千万富翁，而王小海仍然是一般的

打工仔。

王小海中了百万大奖后，兄弟姐妹都来祝贺，话里话外都

有想借钱的意思。夫妻俩很为难，但为了不得罪大家，便忍痛作出"馈赠双方所有兄弟姐妹每人 5 万元"的决定。由于两家兄弟姐妹多，一下子就拿去了六七十万；剩下的几十万，夫妻俩买了一套房子。这样平均分配，皆大欢喜。但由于钱分散了，包括王小海自己，没有一个人能够利用中大奖的机会发财致富，现在王小海仍靠打工生活。

赵一明中了大奖后，兄弟姐妹也都来祝贺，也都想借钱用用。赵一明夫妻俩想到双方兄弟姐妹这么多，每家送几万肯定所剩无几；但铁公鸡一毛不拔，肯定会让大家不开心。思前想后，终于想出了一个好办法：夫妻俩用中奖的钱开了一家超市，送给每个兄弟姐妹各 5 万元的股份，兄弟姐妹都成了超市的股东，并做了公证：馈赠的股份，父传子、子传孙，大家可以一直分红。此股份只享有分红权，不能退股、买卖、转赠。也就是说，它只有一项功能，那就是盈利分红。这样做，既让兄弟姐妹有所收获，又不减少中奖资金的总量，真是一举两得的好办法！

更绝的是，兄弟姐妹都成了超市的股东，超市的盈利状况直接影响到每个股东的年终分红，因此，为了让超市盈利，股

得罪 (dézuì) *v.*
offend

皆大欢喜
(jiēdàhuānxǐ)
to the happiness of all

铁公鸡 (tiěgōngjī) *n.*
'iron cock', cheapskate

股份 (gǔfèn) *n.*
share, stock

股东 (gǔdōng) *n.*
stock holder

公证 (gōngzhèng) *v.*
notarise

分红 (fēnhóng) *v.*
share profits, distribute bonuses

盈利 (yínglì) *n.*
profit, gain

绝 (jué) *adj.*
unique, superb

资产 (zīchǎn) *n.*
property, assets

腰缠万贯
(yāochán-wànguàn)
have a myriad of
strings of cash tied
around the waist, be
very rich

面对 (miànduì) *v.*
confront, face

东们都想方设法拉顾客。这样，没几年工夫，超市就又开了几家分店，总资产超过了千万！兄弟姐妹们都腰缠万贯，有的还借鉴开超市的经验，自己开公司成了老板。

由此可见，馈赠也是一门学问，相同的馈赠，只是改变了一下方式，结果便不一样。面对问题，有时改变传统观念，换一种思维方式，便可以收到意想不到的效果。馈赠如此，人生的许多方面也是如此。

想 一 想
Questions

为什么王小海的家族中没有一个人发财致富？

王小海和赵一明中大奖五年后，他们的生活状况有什么不同？

赵一明以股份的形式把钱分给大家，这么做有什么好处？

语言点 Language Points

1. 夫妻俩……为了不得罪大家，便忍痛作出……决定。

   "作出决定"，表示对某事作出主张。

   "作出决定" expresses making a decision for something.

   （1）你还是赶紧作出决定吧，大家都等着呢。

   （2）学习中文半年后，我作出了去中国留学的决定。

   > 作出决定
   > make a decision

2. 这样做，既让兄弟姐妹有所收获，又不减少中奖资金的总量。真是一举两得的好办法！

   "一举两得"，表示做一件事情可以得到两种收获。

   "一举两得" expresses that through doing one thing, one can derive two kinds of benefits.

   （1）骑自行车既锻炼身体，又可以保护环境，真是一举两得。

   （2）看中国电影可以了解中国文化，还可以提高汉语听力水平，真是一举两得。

   > 一举两得
   > kill two birds with one stone

3. 兄弟姐妹们都腰缠万贯，有的还借鉴开超市的经验，自己开公司成了老板。

   "借鉴"，动词，是"从以前或别人的事情中吸取经验教训"的意思。

   "借鉴" is a verb. It means "take other people's experience or the past as a reference".

   （1）我们应该多借鉴好的学习方法，这样才能事半功倍。

   （2）这个公司有什么值得我们借鉴的地方吗？

   > 借鉴
   > use as a reference

练 习 Exercises

1. 选词填空。

得罪　　铁公鸡　　富翁　　打工仔

(1) ＿＿＿＿＿＿＿＿：很有钱的人

(2) ＿＿＿＿＿＿＿＿：被别人雇用、为老板工作的人

(3) ＿＿＿＿＿＿＿＿：让别人不高兴或憎恨自己

(4) ＿＿＿＿＿＿＿＿：非常小气、舍不得花钱的人

2. 填写下面表格。

	如何分配奖金	五年之后的生活
王小海		
赵一明		

中国的彩票
The Chinese Lottery

在中国，合法的彩票都是福利彩票。中国人民银行是彩票的主管机关。国家发行彩票的目的是筹集社会公众资金，资助福利、体育等社会公众事业发展。1987 年，新中国发行了第一张福利彩票。经过 20 年的发展，中国彩票不仅品种越来越丰富，而且彩票产业也逐渐形成了规模。

In China, legal lotteries are all welfare lotteries. The People's Bank of China is the institution in charge of the lotteries. The goal of the implementation of the lottery is to raise funds from the general public to subsidize the development of public causes such as welfare, sports, etc. In 1987, China instituted its first lottery. After 20 years of development, not only are the types of lotteries more abundant, but also a lottery industry has gradually taken shape.

16 寻找梦中的家园

Look for a Dream Home

每个人都向往美好的生活环境，都喜欢有山有水的好地方。
但现在这样的地方却好像越来越少。

差距 (chājù) *n.*
disparity, gap

生活好了以后，许多人都开始寻找自己梦中的家园——一个山清水秀、可以安家的地方。但是最后的结果却往往与美好的愿望存在差距。原因很简单——你去了，我去了，他也去了，大家都去了，山清水秀的地方往往就不再山清水秀了。

一个加拿大的金发小伙子也在寻找，不过他是从寻找爱情开始的。他爱上了一个中国姑娘，于是不远万里来到中国，在长江边的一个城市住下。但很快，他就觉得无法适应城市的热闹。在他的坚持下，夫妇俩来到一个海边的小渔村安家。

清晨看日出，傍晚看日落，小渔村实在是太美了；垃圾成堆，群蝇飞舞，小渔村又实在是太脏了。

小伙子看不下去，动员邻居大姐清理屋后的垃圾。邻居大姐哈哈大笑："我们祖祖辈辈都是这样过来的，你看不惯，谁让你来这儿的啊？"

村里人不怎么讲卫生，倒很爱让孩子们学英语。于是小伙子就先教村里的孩子说英语。下课后，他带着孩子们，捡了许多石头，在村口垒起了三个大石头圈。然后对孩子们说，回去告诉你们的爸爸妈妈，把家里的垃圾分类，放在这三个石头圈里。

几天过去了，三个石头圈还是空空的，村里依旧到处是垃圾。

小伙子不甘心，他又想了个办法，去找村长。他对村长说啊说，说没有垃圾的村子该有多么美，说大家需要干净的海水，因为以后大伙还要捕鱼，还说垃圾会影响大家的健康。村长没

蝇 (yíng) *n.*
fly

动员 (dòngyuán) *v.*
motivate

清理 (qīnglǐ) *v.*
clean up

祖祖辈辈 (zǔzǔbèibèi)
from generation to generation

卫生 (wèishēng) *n.*
health, hygiene

分类 (fēnlèi) *v.*
classify

依旧 (yījiù) *adv.*
as before, still

甘心 (gānxīn) *v.*
reconcile to

佩服 (pèifú) *v.* admire

有说话。

第二天早晨，小伙子在海边跑步，忽然看见村长在清理垃圾。小伙子连忙拿了工具跑过去，和村长一起干起来，邻居大姐也来了，村里人都来了……

这是一件真实的事情，这个小伙子是我的朋友，他来中国才一年多。我很佩服他，他居然能改变一个村庄长久以来的习惯。他和我们一样，都在寻找梦中的家园，可是，我们找不到，他，找到了。

想 一 想
Questions

为了改善环境，金发小伙子最开始是怎么做的，顺利吗？

为什么大家都去了，山清水秀的地方就不再山清水秀？

小伙子是怎么让村长改变想法的？

语言点 Language Points

1. 我们祖祖辈辈都是这样过来的，你看不惯，谁让你来这儿的啊？

   "看不惯"，表示看着不舒服，不满意。

   "看不惯" expresses a discomfort or dissatisfaction when viewing something.

   （1）在公共汽车上，我看不惯年轻人不给老人让座的现象。

   （2）因为看不惯老板的许多做法，他辞职了。

   > **看不惯**
   > cannot bear to see, dislike

2. 村里人不怎么讲卫生，倒很爱让孩子们学英语。

   "倒（是）"，副词。表示转折。

   "倒（是）" is an adverb. It expresses a transition.

   （1）他不会说中文，汉字倒是认识不少。

   （2）在许多国家，蔬菜很贵，肉倒很便宜。

   > **倒（是）**
   > contrary, actually, but

3. 我真佩服他，他居然能改变一个村庄长久以来的习惯。

   "居然"，副词。表示出乎意料。

   "居然" is an adverb. It expresses something unexpected.

   （1）她昨天跟我说的事情，今天居然就忘了。

   （2）去年春天，我居然在北京见到了一个十年前的老朋友。

   > **居然**
   > unexpectedly, to one's surprise

练 习 Exercises

1. 判断正误。

(1) 小伙子的妻子是中国人。　　　　　　　（　　）

(2) 村里人不喜欢让孩子们学英语。　　　　（　　）

(3) 作者认为应该向那个小伙子学习。　　　（　　）

2. 选择正确答案。

(1) 这个外国小伙子来到中国是因为（　　　）。

    A. 为了教孩子学习英文　　　B. 他爱上了一个中国姑娘

    C. 他喜欢小渔村的环境　　　D. 他想改变中国的农村

(2) 小伙子想动员邻居大姐去（　　　）。

    A. 劝说村长　　　　　　　B. 清理垃圾

    C. 每天去海滩跑步　　　　D. 学习英语

(3) 垒石头圈的目的是（　　　）。

    A. 做游戏　　　　　　　　B. 将垃圾分类

    C. 锻炼身体　　　　　　　D. 学习英语

中国的住宅小区
Chinese Residential Districts

在中国，小区往往以开发商建造的不同楼盘为单位，同一个小区的房子通常是同一年代建造的风格相似的房子。开发商建完房子后，小区由物业公司管理，负责清洁、绿化、维修、保安等工作。另外，大一点的小区一般都有"业主委员会"，负责维护业主们的权利。

In China, neighborhoods are always created when real estate developers build a series of buildings of a similar architecture during a certain period of time. After the developers have finished construction, the neighborhoods are under the management of a property management company, which is responsible for cleaning, greenery, maintenance, security, etc. Additionally, larger neighborhoods generally all have "home owner committees", which are responsible for protecting the rights of the home owners.

17

"Qiǎng" yīgè xīnniáng huíjiā

"抢" 一个 新 娘 回 家

"Fighting" for a Bride to Take Home

女人会因为爱上一个男人而成为他的新娘。可是，
你听说过新娘被男人"抢"走却高高兴兴的吗？

看中 (kànzhòng) v.
fancy, have preference
for

订下终身
(dìngxià-zhōngshēn)
decide to marry

你听说过"抢婚"吗？生活在中国云南的一个少数民族就有"抢婚"的习俗。

当一个小伙子看中某个姑娘后，就会想办法接近这个姑娘，与她相识相爱。两人订下终身之后，就可以约好时间和地点"抢婚"了。

在他们约好的这一天，小伙子会叫上几个好朋友，躲在姑娘要经过的树林里。姑娘则会对父母说，她要和伙伴一起去外面砍柴，然后走出家门。当姑娘快要走到约好的地点时，她大声唱起山歌，以便告诉埋伏在那里的小伙子她已经来了。

当姑娘走到跟前时，一直埋伏在那里的小伙子就拿着长刀跳出来，拦在姑娘面前，大声说："如果今天你不跟我走，我的长刀就不留情！"然后小伙子和朋友们一起把姑娘拉进树林中。这时，姑娘虽然满心欢喜，却要假装反抗并大声呼救。不过不一会儿，她就心甘情愿地跟着恋人走了。

姑娘的伙伴看到这种情景也不阻拦。她们等人走远后，就回去向姑娘的家人报信，把事情的地点和经过都一一说清。姑娘的父亲听到这个消息后会非常生气，立刻拿起长刀，带上几个男子，赶到出事地点去寻找。他还说如果抓住那个小伙子，就要把他杀掉。但这时候，小伙子和姑娘早已逃到茂密的森林中去了。朋友们悄悄地给他们送去行李和粮食，让他们能在那里无忧无虑地生活。过一段时间以后，这对小夫妻先回到小伙子的父母家。再过几个月，他们带着酒肉，一起去看望姑娘的父母，并请求他们原谅。

山歌 (shāngē) *n.*
folk song

埋伏 (máifú) *v.*
ambuscade, ambush

拦 (lán) *v.*
block, hold back

反抗 (fǎnkàng) *v.*
revolt, resist

阻拦 (zǔlán) *v.*
stop, obstruct

报信 (bàoxìn) *v.*
notify, inform

茂密 (màomì) *adj.*
dense (of plant growth)

无忧无虑
(wúyōu-wúlù)
carefree

本事 (běnshi) *n.*
ability, skill

胆量 (dǎnliàng) *n.*
courage, guts

出息 (chūxi) *n.*
prospect, aspiration

得意 (déyì) *adj.*
pleased with oneself

自豪 (zìháo) *adj.*
proud

　　有趣的是，这时姑娘的父母不但不生气，反而会热情接待。他们还夸小伙子有本事、有胆量，让他们脸上有光。这是因为，如果自己的女儿长得不好看，就不会有小伙子看中她，更不会有人去抢。而女儿被抢，说明自己养了一个有出息的女儿。所以，姑娘的父母表面上很生气，其实心里是十分得意的。至于小伙子，他也为自己得到这样漂亮的妻子而骄傲，他可以自豪地说："我的妻子是抢来的。"所以，这种"抢婚"实际上是双方都高兴的"假抢"。

想 一 想
Questions

小伙子和姑娘的朋友们
是怎么帮助他们的？

女儿被"抢"，父母
为什么还很高兴？

为什么说这种"抢婚"
是"假抢"？

语言点 Language Points

1. 不过不一会儿，她就心甘情愿地跟着恋人走了。

   "心甘情愿"，成语。表示非常愿意做某事，一点儿也不勉强。

   "心甘情愿" is an idiom. It expresses that one is very willing to do something, and is not at all reluctant.

   （1）丈夫去世后，她没有再婚，而是心甘情愿地照顾着年迈（niánmài：old, aged）的婆婆。

   （2）选择这个职业，是我心甘情愿的，我不会后悔。

   > 心甘情愿
   > delighted to

2. 姑娘的伙伴……回去向姑娘的家人报信，把事情的地点和经过都一一说清。

   "一一"，副词，是"一个一个地"的意思。

   " 一一 " is an adverb. It means "one by one".

   （1）昨天上课的时候，老师已经把考试的题型一一作了介绍。

   （2）祝愿大家的梦想都能一一实现。

   > ——
   > one by one, one after another

练 习 Exercises

1. 选择正确答案。

(1) "两人订下终身之后，就可以约好时间和地点'抢婚'了。"此句中的"订下终身"的意思是（　　）。

    A. 决定永远一起生活　　　　　B. 准备抢婚

    C. 决定抢婚　　　　　　　　　D. 身体很健康

(2) 姑娘在抢婚之前，对父母说自己出去（　　）。

    A. 卖东西　　　B. 砍柴　　　C. 旅游　　　D. 结婚

(3) 姑娘用（　　）的方式告诉小伙子自己来了。

    A. 打电话　　　　　　　　　　B. 发短信

    C. 大声叫喊　　　　　　　　　D. 唱山歌

(4) 他们回来以后，姑娘的父母对小伙子的态度是（　　）。

    A. 很生气　　　　　　　　　　B. 很冷漠

    C. 要杀了他　　　　　　　　　D. 很热情

2. 判断正误。

(1) 小伙子不经过姑娘同意，就去"抢"她。　　　（　　）

(2) 如果姑娘不同意小伙子"抢"她，就会被杀死。　（　　）

(3) 姑娘虽然大声呼救，但实际上很愿意被小伙子"抢"走。

    （　　）

(4) 如果自己的女儿是被人抢走的，父母会觉得很没有面子。

    （　　）

(5) "抢婚"不是真正的"抢"，而只是一种形式。　（　　）

中国的少数民族
Chinese Ethnic Minorities

中国的少数民族是指汉族以外的 55 个民族。这些少数民族大多有自己的民族传统、文化习俗、宗教信仰、语言或文字。他们分布在中国各地，其中，云南省的少数民族最多。中国政府根据各民族的特点，实行民族区域自治制度，先后建立了内蒙古自治区、新疆维吾尔自治区、广西壮族自治区、宁夏回族自治区和西藏自治区等省一级的民族自治地区，以及自治州、自治县（旗）、民族乡等民族自治地方。

The 55 ethaic minorities in China refer to the non-Han ethnicities. Most of these minorities have their own ethnic traditions, cultural customs, religions, languages, or even written systems. They are scattered across China, with the largest number located in Yun Nan province. Based on the special characteristics of each minority, the Chinese government has implemented an institution for the regional autonomy of minorities. The following provincial autonomous regions have been established in succession: the Inner Mongolia Autonomous Region, the Xinjiang Uighur Autonomous Region, the Guangxi Zhuang Autonomous Region, the Ningxia Hui Autonomous Region, and the Tibet Autonomous Region. Also other autonomous prefectures, autonomous counties, and autonomous villages have been created.

18

Pǐnpái yìmíng de yìshù

品牌译名的艺术

The Art of Translating Brand Names

你一定喝过"Coca-Cola"，但你知道它的
中文译名"可口可乐"是怎么来的吗？

命名 (mìngmíng) v.
name

旗帜 (qízhì) n.
banner

审美 (shěnměi) v.
appreciate the
beautiful

中国文化与西方文化差异较大，因此，国外品牌要打入中
国市场，必须认真考虑命名问题。可以说，品牌名称就是一面
旗帜。重新命名必须考虑到中国人的传统心理、审美价值以及
语言特点等各种因素。由于翻译的巧妙，那些成功的品牌虽然
在本国只有一个很平凡的名字，但来到中国以后，却都有了一

个充满魅力的新名字。

说起品牌译名的经典之作，人们常常会想起"可口可乐"。众所周知，"可口可乐"就是"Coca-Cola"。"Coca"和"Cola"本来分别是两种植物的名字，它们都是可口可乐的原材料。这样枯燥乏味的名字居然被翻译成"可口可乐"，它的成功之处在于：它保留了原名的发音，抛弃了原名的意思，从喝这种饮料的感受和好处上来做文章。这种饮料的味道并非人人喜欢，很多人甚至觉得它像中药，但它却自称"可口"，而且喝了以后还让人开心（"可乐"）。这样一种又"可口"又"可乐"的饮料，当然能够讨人们的喜欢了。

从可口可乐的成功，我们可以看出，成功的译名一定要让人从名字中感受到产品的内涵，这就要考验命名人运用汉语和汉字的能力了。现在，这样的佳作已经越来越多了。

深受中国人喜爱的家居品牌"宜家"，你一定听说过吧？去"宜家"逛逛，一定会找到"适宜你家"的东西。是不是很巧妙？可是，"IKEA"这个名字即使在它的祖国瑞典也很少有人知道它的意思。实际上，"IKEA"是该品牌的创始人的名字（Ingvar Kamprad）和他当时所在的农场名（Elmtaryd）及村庄

魅力 (mèilì) *n.*
charm, enchantment

经典 (jīngdiǎn) *adj.*
classical

乏味 (fáwèi) *adj.*
tedious

抛弃 (pāoqì) *v.*
discard, abandon

并非 (bìngfēi) *v.*
really is not

讨 (tǎo) *v.*
attract, arise

内涵 (nèihán) *n.*
meaning, connotation

家居 (jiājū) *n.*
household

瑞典 (Ruìdiǎn) *n.*
Sweden

创始人
(chuàngshǐrén) *n.*
creator, founder

组合 (zǔhé) *n.*
combination

融合 (rónghé) *v.*
fuse, mix

名（Agunnaryd）这几个词的首字母的组合。四个枯燥的字母组成的意义不明的"IKEA"变成"宜家"之后，却很容易让中国的消费者产生好感。

商业的竞争使人们不得不在自己的品牌名字上下工夫，特别是到了中国，完美地融合了汉语语言文字和文化的新名字会使一个品牌更好地融入中国人的生活。所以说，品牌的译名是智慧，更是艺术。

想 一 想
Questions

为什么说"可口可乐"是
品牌译名的经典之作？

为一个品牌重新命名
需要考虑哪些因素？

"宜家"是什么意思？

语言点 Language Points

1. 众所周知，"可口可乐"就是"Coca-Cola"。

   "众所周知"，表示大家都知道。

   "众所周知" expresses that everyone knows.

   (1) 众所周知，中国有 56 个民族。

   (2) 他的故事在这个地方已经是众所周知了。

> **众所周知**
> as everyone knows

2. 它……从喝这种饮料的感受和好处上来做文章。

   "做文章"，固定短语，比喻抓住某个机会、利用某一条件来做事情。

   "做文章" is a set phrase. It is a metaphor for taking advantage of some opportunity in order to make use of one condition to do something.

   (1) 这个城市的环境非常优美，当地人利用环境大做文章，使当地的旅游业得到很大发展。

   (2) 现在很多商场喜欢抓住节日的机会做文章，搞商品促销（cùxiāo：promote sales）。

> **做文章**
> make an issue of something

3. 商业的竞争使人们不得不在自己的品牌名字上下工夫。

   "下工夫"，固定短语。是"为了达到某个目的而花费很多的时间和很大的精力"的意思。

   "下工夫" is a set phrase. It means "spend a lot of time and energy on something in order to reach a goal".

   (1) 要想学好汉语，必须多下工夫才行。

   (2) 我花了一年时间，下了很大的工夫才通过了 HSK 7 级。

> **下工夫**
> put in time and energy

练 习 Exercises

1. 判断正误。

（1）"Coca"和"Cola"是两种动物的名字，它们都是可口可乐的原材料。　　　　　（　　）

（2）很多人觉得可口可乐的味道像中药，所以非常喜欢它。　　　　　（　　）

（3）"宜家"是瑞典的品牌。　　　　　（　　）

2. 选择正确答案。

（1）"可口"的意思是（　　）。

A. 一种植物的名字　　　　B. 味道好

C. 想喝水　　　　　　　　D. 喝了就开心

（2）（　　）不是"可口可乐"和"宜家"这两个中文译名的共同点。

A. 抛弃了原名的意思　　　B. 表示产品的原材料

C. 保留了原名的发音　　　D. 使人感受到产品的内涵

（3）作者认为，品牌的译名是（　　）。

A. 艺术和美丽　　　　　　B. 策略和内涵

C. 智慧和艺术　　　　　　D. 旗帜和魅力

3. 写出下列品牌的中文译名，并说说它们翻译得好不好。

（1）McDonald's （　　）　　（2）Starbucks （　　）

（3）Benz （　　）　　（4）BMW （　　）

（5）Google （　　）　　（6）Nike （　　）

汉语的外来词
Foreign Words in Chinese

"外来词"是指从别的民族语言里吸收来的词语。汉语的外来词主要有四种形式。第一种是音译，指直接用汉字记录外语词的读音，如"拷贝"(copy)、"沙发"(sofa)。第二种是音译兼意译，指把一个外语词分成两半，一半音译，一半意译，如"因特网"(internet)、"迷你裙"(miniskirt)。第三种是音译加意译，指把整个外语词音译之后，再加一个表示义类的汉语语素，如"啤酒"(beer)、"芭蕾舞"(ballet)。第四种是直接借用，如"DVD"、"UFO"、"SOS"等。随着中外交流的不断扩大，汉语中的外来词也越来越多，并逐渐成为汉语词汇的一部分。

芭蕾舞

"Foreign words" refer to the incorporation of words from other languages into the Chinese language. There are four types of foreign words in Chinese. The first is transliteration, using Chinese words to mimic the sound of the foreign word. For example "拷贝" (copy) and "沙发" (sofa). The second type is transliteration with meaning, which refers to cutting the foreign word into two parts, one part is the transliteration, and the other part is the meaning, e.g., "因特网" (internet), "迷你裙" (miniskirt). The third type is a complete transliteration with meaning, which refers to taking the entire foreign word's transliteration, and then adding a Chinese character to express the meaning, e.g. "啤酒" (beer), "芭蕾舞" (ballet). The fourth type is a direct borrowing, e.g., "DVD", "UFO", "SOS", etc. Following the increase in Chinese-foreign exchanges, there will be more and more foreign words in Chinese, and they will gradually become part of the Chinese language.

19

Zài Měiguó chī kǎoyā

在美国吃烤鸭

Eating Roast Duck in the United States

你吃过北京烤鸭吗？除了鸭肉好吃以外，
用鸭架煮的汤味道也非常鲜美。

情有独钟
(qíngyǒudúzhōng)
have special
preference to

念念不忘
(niànniàn-bùwàng)
keep in mind
constantly

出生在北京的我，对北京烤鸭情有独钟，来美国后还是念念不忘。偶然发现离我家不远的地方有一家中餐馆，写着"正宗北京烤鸭"的字样，我心中大喜。

那天我过生日，老公殷勤地问我想吃什么生日大餐。我毫不犹豫地答道："北京烤鸭！"老公听了，立刻前去购买。我也兴高采烈地在家切好大白菜，泡好粉丝，再烧开半锅清水，恭候鸭子大驾（架）。想着吃完鸭肉，再享受那鲜美的鸭汤，心里美极了！

等我把一切准备好，老公也一脸笑容地提着大小餐盒进了门。我迫不及待地寻找期待已久的鸭架子。可翻遍每一个餐盒，却只见鸭肉，不见鸭骨。于是，我十分失望地问老公："骨头呢？"老公傻傻地望着我说："什么骨头？"我说："当然是鸭骨头了。"他一脸委屈地说："餐馆没给我呀。"老公看我这么失望，连忙道歉："对不起，下次我一定不忘带鸭骨头回来。"

吃完鸭肉，望着雪白诱人的大白菜和那一锅开水，我心里仍觉得非常遗憾。于是，抓起电话，很客气地问餐馆小姐："今晚我先生去买烤鸭，没有把鸭骨头带回来，是我先生忘了拿，还是你们忘了给？""噢，对不起，我们以为你们不要鸭架子呢！"这时，又听那小姐说："如果你想要鸭架，就过来取一下吧。"放下电话，想了想，最后还是下决心去一趟。取回了鸭架，终于如愿以偿地喝到了与北京的烤鸭店不相上下的鲜美鸭汤。第一次尝到鸭汤的洋老公也不停地称赞。

最近，老公又去那家餐馆买烤鸭。这次接待他的是一位男

殷勤 (yīnqín) *adj.* solicitous and thoughtful

恭候 (gōnghòu) *v.* await respectfully

迫不及待 (pòbùjídài) too impatient to wait

期待 (qīdài) *v.* look forward to, await

委屈 (wěiqu) *v.* feel wronged

诱人 (yòurén) *adj.* attractive

如愿以偿 (rúyuànyǐcháng) have one's wish fulfilled

不相上下 (bùxiāng-shàngxià) equally matched

特意 (tèyì) *adv.*
specially, intentionally

愣 (lèng) *v.*
stare blankly

疑惑 (yíhuò) *v.*
feel uncertain, doubt

服务员。有了上次的经验，老公特意提醒服务员说："我不但要鸭肉，还要鸭骨头。"那男服务员愣愣地看着他，可能没听懂。老公见他一副疑惑的样子，就又用中文一个字一个字地解释说："我要带鸭骨头回家做汤。"男服务员忍不住笑了，说了一句："原来你也懂得用鸭骨头煮汤呀！"

想 一 想
Questions

"我"希望吃什么生日大餐？

餐馆的服务员为什么没有把鸭架给"我"老公？

洋老公喜欢鸭架汤吗？

语言点 Language Points

1. 偶然发现……一家中餐馆，写着"正宗北京烤鸭"的字样，我心
   中大喜。

   "正宗"，形容词。表示正统的，真正的，符合一定的标准。

   "正宗" is an adjective. It expresses something authentic, genuine,
   and in accordance with a set standard.

   （1）这家川菜饭馆做的宫保鸡丁非常正宗，每天能卖出好几
   百盘。

   （2）妈妈是东北人，能做正宗的东北水饺。

正宗
authentic, genuine

2. 我毫不犹豫地答道："北京烤鸭！"

   "毫不"，副词，是"一点儿也不"的意思。

   " 毫不 " is an adverb. It means "not even a little".

   （1）毫不夸张地说，这个翻译是品牌译名的经典之作。

   （2）他只想着挣钱，对家人毫不关心，真不像话！

毫不
hardly, not in the
least

练习 Exercises

1. 判断正误。

(1)"我"希望在有名的中餐馆庆祝自己的生日。　（　　）

(2)"我"很失望，因为老公没有买回烤鸭。　（　　）

(3)老公以前不知道鸭架可以煮汤。　（　　）

(4)餐馆没给老公鸭架，所以我打电话去吵了一架。（　　）

2. 选择正确答案。

(1)"我"的老家在（　　）。

　　A. 美国　　　　B. 南京　　　　C. 北京　　　　D. 上海

(2)"我"做的鸭汤里没有（　　）。

　　A. 大白菜　　　B. 鸭肉　　　　C. 粉丝　　　　D. 鸭骨头

(3)男服务员最后忍不住笑了，因为（　　）。

　　A. 他没听懂"我"老公的话

　　B. "我"老公又去他的餐馆买烤鸭

　　C. "我"老公的汉语说得不好

　　D. 他没想到"我"老公也懂用鸭架煮汤

北京烤鸭
Beijing Duck

"烤鸭"是北京的风味名菜，闻名中外，被誉为"天下美味"。它色泽红艳，肉质细嫩，气味芳香，肥而不腻，营养丰富。早在南北朝时期就有关于烤鸭的记载，而"北京烤鸭"则是在明朝时才被正式命名，并广受喜爱。北京最有名的两家烤鸭店"便（biàn）宜坊"和"全聚德"是清朝时开业的，已经有一百多年的历史了。现在，北京烤鸭已经成为中国人宴请外宾的一道美味佳肴。

"Roast Duck" is a Beijing local special dish famous all over the world, and has been acclaimed as "the most delicious in the world". It has a brilliant red color, tastes tender, smells rich, is fatty but not greasy, and very nutrious. There is record of roast duck early in the Northern and Southern Dynasties. The term "Beijing Duck" was coined during the Ming Dynasty and was widely loved. The two most famous Beijing Duck restaurants are "Bianyifang" and "Quanjude", opened during the Qing Dynasty, with a history of over one hundred years. Now, Beijing Duck has already become a dish served to foreign visitors at dinner in China.

Shīliàn tóngméng
失恋同盟
Broken Hearts Alliance

爱情是美好的，失恋是痛苦的。
我们怎样才能帮助失恋的人从痛苦中走出来呢？

失落 (shīluò) *adj.*
feeling of being
abandoned

"找一个承认失恋的方法，让心情好好地放个假……"这首歌曲，给了四位大学生一个灵感——"如果你正沉浸在失恋的痛苦中，那就到'失恋同盟'来吧，让我们一起分担失落，分享快乐！"

2008 年 1 月 5 日，在中国的一所大学，四个大二学生组织的"失恋工作室"正式建立了。这个以"不言悲伤，开心恋爱"为主题的特殊团体，在大学校园里引起了热烈讨论。

　　这个工作室的发起人说："不能因为失恋，就不与身边的任何人交流，远离朋友，远离同学，这会对青年人的身心造成不良影响。"他们讲了这样一件事：班上有一个女生，相貌不出众，性格也比较内向，她看到身边的女同学都有了男朋友，对自己越来越不自信。于是，她急于寻找一份感情，结果多次"失恋"。渐渐地，她的性格变得十分怪异，而且总觉得同宿舍的同学都看不起她。为了逃避，最后，她选择了搬出宿舍。

　　这样的例子并不少见。实际上，大学生恋爱如今在大学校园里非常普遍。大学生在思想上已渐渐独立，对待爱情更是有自己的想法，如果大学生能理智地对待爱情，就能处理好爱情与学习、生活等各个方面的关系。但是，很多人在大学里往往是第一次恋爱，一旦失恋就变得情绪低落，甚至想自杀。

　　"我们四个人虽然都没有痛苦的失恋经历，但我们面对爱情都有一个健康的心态，我们都是性格开朗的男生，大家都认为'天涯何处无芳草'。"他们表示有足够的信心来引导失恋的同学，帮助他们摆脱失恋的痛苦。

悲伤 (bēishāng) *adj.*
sad, sorrowful

主题 (zhǔtí) *n.*
theme, subject

发起人 (fāqǐrén) *n.*
initiator, proposer

怪异 (guàiyì) *adj.*
weird

逃避 (táobì) *v.*
evade, run away from

理智 (lǐzhì) *adj.*
reasonable, sensible

低落 (dīluò) *adj.*
feel low

心态 (xīntài) *n.*
state of one's psyche

开朗 (kāilǎng) *adj.*
easy-going,
open-minded

摆脱 (bǎituō) *v.*
break away from

设立 (shèlì) v.
set up, establish

怀念 (huáiniàn) v.
cherish the memory of, miss

困境 (kùnjìng) n.
predicament

"失恋工作室"建立以后，几个年轻人为此专门设立的 BBS 论坛热闹得不得了。大家都热烈参与："我失恋了，一直为和女友分手而感到痛苦和悲伤。""虽然觉得大学时代的恋爱不是那么美好，但失去后却很怀念。"……对于一些由失恋引起的心理问题，成员们还经常请有关的心理专家来解答，让专家帮助大学生走出失恋的困境。

想 一 想
Questions

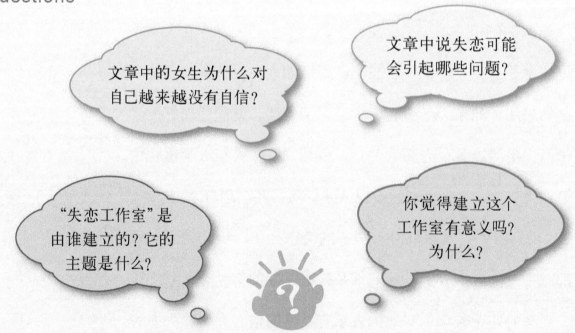

文章中的女生为什么对自己越来越没有自信？

文章中说失恋可能会引起哪些问题？

"失恋工作室"是由谁建立的？它的主题是什么？

你觉得建立这个工作室有意义吗？为什么？

语言点 Language Points

1. 如果你正沉浸在失恋的痛苦中，那就到"失恋同盟"来吧。

   "沉浸"，动词。指泡入水中，多用来比喻处于某种感情或思想活动中。

   "沉浸" is a verb. It refers to "soak in water", and mostly used as a metaphor for being deep in thought or emotion.

   （1）爷爷突然去世，全家人都沉浸在巨大的悲痛中。

   （2）秋天是收获的季节，忙碌了大半年的农民们沉浸在丰收的喜悦中。

   > **沉浸**
   > permeate, immerse

2. 几个年轻人为此专门设立的 BBS 论坛热闹得不得了。

   "不得了（liǎo）"，形容词。用作补语，表示程度高。

   "不得了" is an adjective. It serves as a complement and expresses a high degree.

   （1）今年夏天热得不得了，很多人都去凉快的地方度假了。

   （2）听到爸爸要来中国出差的消息，我高兴得不得了。

   > **不得了**
   > extremely, exceedingly

3. 我失恋了，一直为和女友分手而感到痛苦和悲伤。

   "为……而……"，固定结构。前者为原因或目的，后者为结果。

   "为……而……" is a set structure. After the "为" is the reason or goal, after the "而" is the result.

   （1）他正在为昨天的事而伤心难过。

   （2）为理想而奋斗，为梦想而努力，是当今许多年轻人的生活动力。

   > **为……而……**
   > for the sake of...

练 习 Exercises

1. 判断正误。

(1) 失恋工作室的成员们都经历过失恋的痛苦，所以，他们很理解失恋者的心态。 （　　）

(2) 大学生谈恋爱是当今社会的普遍现象。 （　　）

(3) 失恋工作室得到了许多人的关注。 （　　）

(4) 失恋的同学除了可以在网络上交流，还能得到心理专家的帮助。 （　　）

2. 选择正确答案。

(1) 这四位大学生建立"失恋同盟"的原因是（　　）。

    A. 为了帮助那个失恋的女生

    B. 大学生恋爱很普遍

    C. 为了帮助失恋的人摆脱痛苦

    D. 他们都经历过失恋的痛苦

(2) 那个女生从宿舍搬出来的原因是（　　）。

    A. 为了和男朋友在一起

    B. 为了逃避

    C. 为了便于和别人交流

    D. 同宿舍的同学看不起她

天涯何处无芳草
There Is Plenty More Fish in the Sea.

"天涯何处无芳草"是中国宋代著名词人苏轼的名句。这句话表面上是说到处都长着茂盛的芳草，实际上表现了苏轼虽然在政治上失意，却仍然乐观旷达的人生态度。现在，人们常用这句话，或者在其后加一句变成"天涯何处无芳草，何必单恋一枝花"，来安慰失恋的人，意思是说，世界这么大，到处都会有令人欣赏爱慕的对象，每个人都一定能找到自己喜欢的人，不必"非她不娶"或者"非他不嫁"。

"天涯何处无芳草" is a famous phrase from the famous poet Su Shi of the Song Dynasty. Literally, this phrase means that there is lush fragrant grass growing everywhere, actually it shows that even though Su Shi was politically frustrated when he wrote this phrase, he still had an optimistic attitude. Now, people frequently use this phrase, or add another phrase at the end to make "天涯何处无芳草，何必单恋一枝花" in order to comfort the broken hearted. It means that the world is so big and there are plenty of worthy partners out there, and everyone can find someone who likes them. There is no need for ideas like "I would only marry him or her."

练习答案
Answer Keys

第1课　笑话的智慧

1.××××

2.C A B

第2课　不用回答的问句

1.×× √ √

2.虚构；检查；答案；发票；引起

3.D B A

第3课　聪明的谎言

1.××× √

2.破案；颤抖；珍贵；采访

第4课　"最后"的机会

1.√ √ ×× √ ×

2.D B A

第5课　种下一棵爱情树

1.××××

2.D C A

第6课　三只老鼠

研发部经理	预算太少，还被财务部削减
财务部经理	公司的运行成本一再上升，没有多余的钱
采购部经理	非洲南部一个大矿山爆炸，采购成本上升

第7课　三岁看大

1.×× √ √

2.

性格类型	比例	小时候的性格特征	长大后的性格特征
充满自信	28%	活泼热心、外向	热情、坚强，领导欲较强
良好适应	40%	比较自信，能够自我控制，不容易烦躁	比较自信，能够自我控制，不容易烦躁
沉默寡言	8%	沉默寡言，隐瞒自己的感情，不愿意去影响他人，不敢做任何可能导致自己受伤的事情	隐瞒自己的感情，不愿意去影响他人，不敢做任何可能导致自己受伤的事情
急躁不安	10%	行为消极，注意力不集中	容易苦恼、愤怒，不现实、心胸狭窄、容易紧张并产生对抗情绪
自我约束	14%	自我约束力强，不会轻易被外界干扰	自我约束力强，不会轻易被外界干扰

第 8 课　欲速则不达

1. D B C D

2. (1) —B，(2) —C，(3) —D，(4) —A

第 9 课　岗位难度要适当

1. √ × √

2. C C D

第 10 课　隔代教育

1. √ √ √

2.

(1) 上海、北京

(2) 父母工作很忙，没有太多时间带孩子；
　　而老人退休后，时间比较充裕。

第 11 课　打工妹的选择

(1) D

(2) C

(3) B

第 12 课　自助游（上）

1. × × × √ √ ×

2. (1) —D，(2) —F，(3) —B，(4) —C，
　 (5) —A，(6) —E

第 13 课　自助游（下）

1. C B C D

2.

(1) 十二，香港

(2) 九，新疆

(3) 十，九寨沟

(4) 承德避暑山庄，山西五台山

第 14 课　"的士"司机

1. × √ ×

2. D A C C

第 15 课　聪明的馈赠

1. 富翁；打工仔；得罪；铁公鸡

2.

	如何分配奖金	五年之后的生活
王小海	平均赠送给夫妻双方所有兄弟姐妹每人5万元；剩下的钱用来给自己买房子	还是一般的打工仔；靠打工生活
赵一明	开超市，并给夫妻双方所有兄弟姐妹各5万元股份	成了拥有数家超市的千万富翁

第 16 课　寻找梦中的家园

1. √ × √

2. B B B

第 17 课　"抢"一个新娘回家

1. A B D D

2. × × √ × √

第18课　品牌译名的艺术

1. × × √

2. B B C

3. 麦当劳；星巴克；奔驰；宝马；谷歌；
　耐克

第19课　在美国吃烤鸭

1. × × √ ×

2. C B D

第20课　失恋同盟

1. × √ √ √

2. C B

声　明

　　本书所采用的语料，大多来自报刊、杂志、网络。根据本书的特点和需要，我们对所选材料进行了删节和改编。因时间紧迫，部分作者尚未联系上，请作者主动与我们联系，我们将按著作权法有关规定支付稿酬。在此，我们谨对原文作者表示感谢。